ÉCONOMIE DU COMBUSTIBLE

FONDÉE SUR L'APPLICATION A TOUS LES FOYERS

DU

CHAUFFAGE AU GAZ ÉCONOMIQUE

PAR COMBUSTION COMPLÈTE ET SOUS VOLUME CONSTANT

PAR

PAUL CHARPENTIER

Ingénieur des Arts et Manufactures. — Membre de la Société des Ingénieurs civils.

Deuxième Édition. — Prix : 2 francs.

PARIS

IMPRIMERIE Ves RENOU MAULDE ET COCK

144, RUE DE RIVOLI, 144

1874

ÉCONOMIE DU COMBUSTIBLE

FONDÉE SUR L'APPLICATION A TOUS LES FOYERS

DU

CHAUFFAGE AU GAZ ÉCONOMIQUE

PAR COMBUSTION COMPLÈTE ET SOUS VOLUME CONSTANT

PAR

Paul CHARPENTIER

Ingénieur des Arts et Manufactures. — Membre de la Société des Ingénieurs civils.

Deuxième Édition.

PARIS

IMPRIMERIE V[es] RENOU MAULDE ET COCK

144, RUE DE RIVOLI, 144

1874

AVANT-PROPOS

La présente Étude se divise en trois parties :

Dans la première, j'arrive, par l'examen du chauffage actuel et la détermination des pertes de chaleur auxquelles il donne lieu, à démontrer que le chauffage de tous les appareils industriels avec le gaz provenant de la transformation intégrale d'un combustible par l'injection d'air soufflé et de vapeur d'eau dans un gazogène spécial, est une condition nécessaire pour assurer la bonne marche économique de ces appareils. Mais ce chauffage au gaz n'a été jusqu'ici qu'incomplétement compris. Au point de vue de la combustion complète, on n'était pas encore arrivé, avec les appareils de distribution employés jusqu'ici, à un résultat entièrement satisfaisant, et de plus, on laissait cette combustion se faire *à dilatation libre des gaz brûlés.*

Dans la seconde partie, je démontre qu'un chauffage, quel qu'il soit, pour être économique, exige que les produits de la combustion occupent un volume aussi constant que possible, et j'indique les moyens nouveaux que je compte employer pour arriver à produire une *combustion complète, sous volume constant*. Cette seconde partie, presque entièrement théorique, renferme, pour la théorie de la chaleur, des aperçus nouveaux réunis sous forme de lois.

Dans la troisième, enfin, je résume les conditions précédemment indiquées en les appliquant à un cas général.

PREMIÈRE PARTIE

ÉTUDE DES PRINCIPAUX SYSTÈMES DE CHAUFFAGE USITÉS JUSQU'ICI

CHAPITRE PREMIER

Considérations générales sur la question.

§ I

Cette question du chauffage en général est des plus importantes et des plus étendues. La solution de ce problème : économie du combustible, intéresse tout le monde ; c'est donc un problème social, à purement parler.

Je m'essaierai dans le cours de cette étude à déterminer les bases de cette immense question, et je chercherai une solution aux diverses difficultés qui s'y pourront rencontrer.

Le docteur Percy, dans son important ouvrage de métallurgie, dit ceci : « *Chacun des éléments calorifiques ainsi dissipé dans les fours métallurgiques, représente une perte de la force productive accumulée avec une extrême lenteur dans nos bassins houillers pendant la longue période de siècles qui a présidé à leur formation. L'énormité de ce fait excitera sans doute un jour les récriminations de nos descendants, qui se verront dépouillés d'un riche héritage, gaspillé par insouciance ou ignorance.* » Il a mille fois raison, ces richesses sont gaspillées par nous, mais surtout par ignorance des véritables principes qui régissent la combustion, et malheureusement elles ne se renouvellent pas.

Je commencerai par étudier la façon dont on emploie les combustibles, leur puissance théorique, ce que l'on en utilise, la perte subie, puis ensuite j'indiquerai les moyens que je propose pour diminuer cette perte dans une très-forte proportion.

Le but du présent travail est en résumé de démontrer l'utilité, la nécessité de transformer tous les combustibles en gaz et de les employer à cet état dans des conditions particulières.

§ II

Pour moi, il y a combustion toutes les fois qu'il y a combinaison chimique. Dans le sens industriel, on entend par ce mot la production de chaleur résultant de la combinaison d'un combustible avec l'oxygène.

Pour qu'une combustion soit parfaite, il faut :

1° Que le combustible et le comburant soient *intimement mélangés*;

2° Ce premier résultat n'est atteint que si les deux corps sont *de même nature physique;*

3° Les deux agents doivent être mis en contact à la température nécessaire pour que leur combinaison soit parfaite;

4° Afin de réaliser la troisième condition, on doit ménager à la flamme un parcours assez prolongé;

5° Les proportions du combustible et du comburant *doivent être celles exactement exigées par le résultat de la combustion.*

Ne nous occupons d'abord que de la houille, ce que j'en dirai s'appliquera aux autres combustibles, avec quelques variantes.

Je prendrai pour type une houille d'un emploi fréquent et d'une composition connue.

Elle comprendra, en poids :

Carbone pur...........	65	
Cendres...............	5	
Eau hygroscopique......	5	
Goudron..............	5	
Gaz éclairant..........	20	formant 27 m. c. à 0.
	100	

La composition moyenne de ce gaz éclairant est la suivante :

	En poids,	kil.	en volume,	m. c.
H	»	1.20	»	13.39985
C^2H^4	»	70.80	»	99.07070
C^4H^4	»	8.00	»	6.32375
CO	»	13.00	»	10.39294
AzH^3	»	2.50	»	3.24410
HS	»	1.00	»	0.64925
CO^2	»	3.50	»	1.77036
		100.00		134.85095

Les 20 kil. de gaz précité contiendront alors :

	En poids,	kil.	en volume,	m. c.
H	»	0.24	»	2.67997
C^2H^4	»	14.16	»	19.81414
C^4H^4	»	1.60	»	1.26475
CO	»	2.60	»	2.07858
AzH^3	»	0.50	»	0.64882
HS	»	0.20	»	0.12985
CO^2	»	0.70	»	0.35407
		20.00		26.97018

§ III

Ces compositions étant admises, voyons d'abord quelle pourrait être la puissance calorifique théorique, mais possible, de cette houille. J'admettrai comme se rapprochant beaucoup du fait vrai, la formule C^4H^4 pour le goudron. J'aurai alors comme éléments combustibles :

	kil.
Carbone pur........................	65
Goudron C^4H^4........................	5
H....................................	0.24
C^4H^4................................	1.60
C^2H^4................................	14.16
CO..................................	2.60
HS..................................	0.20
	88.80

Si nous supposons que par un moyen quelconque nous puissions brûler ces matières intégralement et utiliser toute la chaleur ainsi dégagée, nous aurons ce que nous cherchons, le pouvoir calorifique de 100 kil. de cette houille. En faisant le calcul, et adoptant les puissances calorifiques déterminées par MM. Favre et Silbermann, on trouve le nombre :

803779.6,

soit 8038 calories pour 1 kil. de cette houille.

En supposant ce pouvoir calorifique complétement utilisé, et adoptant les chiffres trouvés par M. Regnault pour les chaleurs totales de vaporisation, on trouve par le calcul que 1 kil. de cette houille serait susceptible de produire en vapeur sèche

12 kil. 618 à 1 atmosphère et 12 kil. 041 à 15 atmosphères 356.

Nous allons voir maintenant ce que ces chiffres deviennent en pratique, et pourquoi ils ne peuvent pas être atteints par les procédés ordinaires de chauffage.

Toutes les chaudières à vapeur employées jusqu'ici reçoivent la chaleur du combustible par l'intermédiaire d'une grille à feu nu.

Dans tous ces foyers ou à peu près, le combustible, quel qu'il soit, est brûlé à tirage naturel, avec l'emploi d'une cheminée. De là une série de pertes de chaleur contre lesquelles on a tenté de réagir, mais avec plus ou moins d'insuccès.

En thèse générale, la combustion opérée sur une grille, à tirage naturel, *ne peut pas être* chimiquement bonne. Nous avons vu précédemment qu'une des conditions principales est une mixtion parfaite entre le combustible et le comburant, ce qui ne peut s'opérer entre un solide, le charbon et un gaz, l'air de combustion.

Quant à la manière de juger la puissance vaporisatrice de la houille, l'exactitude et le savoir n'ont pas toujours présidé aux expériences qui ont été faites, de là ont pris naissance certains chiffres exagérés, dont la suite va démontrer l'impossibilité.

La manière dont on apprécie généralement le pouvoir vaporisateur d'une houille donnée est sujette à plusieurs causes d'erreur, dont la principale est celle-ci :

La vapeur, entraînant plus ou moins d'eau, le poids d'eau dépensée n'équivaut pas au poids de vapeur réelle produite. On sait aujourd'hui que cette proportion d'eau entraînée peut atteindre et dépasser les 0.4 du poids total.

CHAPITRE II

Étude des pertes de chaleur subies dans le chauffage ordinaire.

§ IV

Je vais étudier maintenant d'une manière générale la façon dont on utilise le charbon dans le chauffage industriel, et en particulier dans les chaudières à vapeur. J'en conclurai quelles sont les pertes de chaleur inhérentes à ce mode de procéder, nous verrons quels remèdes on a proposés jusqu'ici, j'établirai leur insuffisance et enfin la nécessité de substituer le chauffage au gaz, tel que je le comprends, à tous les systèmes employés jusqu'ici.

L'emploi du combustible en industrie est fondé trop souvent sur des principes faux ou même, à mieux parler, sur l'absence totale de principes. Tout appareil de chauffage industriel repose, à de très-rares exceptions près, sur l'emploi du tirage naturel produit par une cheminée, et la suite démontrera, je l'espère, que *la cheminée proprement dite est la plaie de l'industrie.*

Prenons donc pour type un foyer ordinaire adapté au chauffage d'une chaudière à bouilleurs, par exemple. Voyons quelles sont les pertes de chaleur fatalement subies dans ce cas. Ce sont :

1° Perte résultant de la chaleur enlevée par *l'excès d'air* que nécessite l'emploi d'une grille;

2° Perte résultant de l'emploi proprement dit de la cheminée;

3° Perte due au *défaut de fumivorité;*

4° Perte résultant de la formation des escarbilles;

5° Perte de chaleur employée à vaporiser environ 48 kil. d'eau par 100 kil. de houille brûlée;

6° Perte due au rayonnement du fond du foyer et des parois du four ou de la chaudière.

§ V

1° Perte résultant de la chaleur enlevée par l'excès d'air que nécessite l'emploi d'une grille.

En groupant par espèces les parties combustibles de la houille adoptée, je trouve :

	kil.
Carbone, total..................	82.39143
Hydrogène, total..............	4.73462
Soufre, —	0.18824
	87.31429

La quantité totale d'oxygène nécessaire pour transformer intégralement ces combustibles en CO^2, HO, SO^2 est donnée, par le calcul, égale à 257 kil. 77568. En en retranchant les

1 kil. 48571 d'oxygène existant dans le gaz éclairant on a 256 kil. 28997 correspondant à un poids d'air égal à 1114 kil. 30422, occupant à 0 et 760 un volume égal à 861 m. c. 797.

Or, l'emploi de la grille à tirage naturel ne permet pas de donner seulement cette quantité d'air théoriquement nécessaire à la combustion. La grille s'obstrue, par suite l'air ne peut plus circuler librement dans la masse en ignition, et pour pouvoir alimenter le foyer on est obligé, en pratique, d'augmenter de beaucoup la section des passages et la vitesse de l'air. Les principaux auteurs admettent, en principe, qu'il faut calculer le fourneau de façon à pouvoir introduire régulièrement le double de l'air nécessaire. Et malgré cela la combustion reste imparfaite.

La température d'évacuation des gaz brûlés à la base d'une cheminée, est très-variable; il y a des cas dans l'industrie métallurgique où elle dépasse de beaucoup 500 degrés, par contre, pour les générateurs à vapeur, ce nombre forme une moyenne trop élevée, je l'admettrai provisoirement comme moyenne de tous les fourneaux industriels (1).

La caloricité de l'air, d'après M. Regnault, est, en poids, 0.22727 à 0. Plus loin, je montrerai qu'en adoptant ce nombre je me tiens dans un grand minimum. En l'appliquant au cas actuel, supposant que l'air introduit en excès soit égal à 1114 kil. 30422 et qu'il s'échappe à 500 degrés, la perte de chaleur, de ce fait, sera égale à :

132195 calories, 5 soit : 0.16 pour 100.

Cette quantité est considérable. Ici, ce n'est qu'une moyenne, car elle sera évidemment variable, suivant la température d'évacuation, la quantité d'air non brûlé, et enfin la caloricité adoptée. Dans les fours à puddler, où souvent il passe des flots d'air en excès, elle atteindra une valeur énorme. Il en est de même, à certains moments, pour la marche des locomotives express.

Quoi qu'il en soit, on peut conclure *qu'il est de la dernière importance de s'opposer à cette introduction d'air en trop, lorsque sa chaleur sensible n'est pas utilisée.*

(1) Voir la note A, à la fin du volume.

§ VI

2° Perte résultant de l'emploi proprement dit de la cheminée.

Certains auteurs se bornent à dire : Le tirage par les cheminées coûte 25 pour 100 de la chaleur fournie par la combustion de la houille. Ce nombre peut être établi d'une façon plus rigoureuse.

La perte due au tirage naturel est évidemment donnée par la chaleur qu'emportent les produits de la combustion.

Or, j'ai adopté précédemment une température moyenne de 500 degrés pour ces fumées à la base de la cheminée.

En supposant, ce qui est me mettre dans un cas défavorable, au point de vue de mon argumentation, que la combustion soit intégrale et sans excès d'air, le calcul appliqué aux nombres précédemment adoptés donne pour les gaz brûlés la composition suivante :

Azote de l'air de combustion....	858.01425
Acide CO^2 de combustion	302.10191
Id. du gaz éclairant	0.70000
Eau de combustion...........	42.61158
Eau hygroscopique	5.00000
Ammoniaque du gaz éclairant...	0.50000
Acide SO^2 de combustion	0.37648
	1209.30422

En adoptant comme précédemment les caloricités à 0, et je montrerai plus loin que cette hypothèse est défavorable à mon raisonnement, l'équivalent calorifique de ces gaz forme un total égal à :

288.25532

En supposant à ces gaz brûlés au moment de leur évacuation une température moyenne de 500 degrés, la chaleur totale enlevée par eux se monte à :

144127 calories 66,

soit une perte égale à :

$$\frac{144127.66}{803779.6} = 18 \text{ pour } 100.$$

J'insiste ici pour montrer que ce nombre est loin d'être un maximum, pour plusieurs raisons :

D'abord, j'ai pris dans le calcul les valeurs des caloricités correspondant à la température de 0; or, la suite montrera que les chaleurs spécifiques des gaz brûlés qui se sont dilatés librement, sont très-notablement supérieures à ces valeurs admises, et ceci sera établi théoriquement et expérimentalement. C'est ainsi, en effet, que M. Regnault a trouvé pour l'acide CO^2 0.187 à 0, et à 200, 0.2396. La caloricité des autres gaz, et surtout celle de la vapeur d'eau, devrait être accrue aussi notablement.

En second lieu, j'ai admis une combustion intégrale; or, on est loin d'en être là: les fumées renferment une proportion souvent considérable de carbures d'hydrogène, d'oxyde de carbone et même d'hydrogène libre, dont les capacités calorifiques sont de beaucoup supérieures à celles de l'air, de l'acide CO^2 et de l'azote.

Comme conclusion, il y a une importance énorme à dépouiller les gaz brûlés de leur chaleur aussi intégralement que possible et à ne pas introduire un excès d'air.

§ VII

3° Perte due au défaut de fumivorité.

La question soulevée ici est depuis nombre d'années le sujet de discussions vives. Beaucoup d'inventions se sont produites. Aucune jusqu'ici n'a donné de résultats entièrement satisfaisants. Cela vient surtout de ce que les inventeurs n'ont considéré la question que sous un point de vue unique et restreint, sans la traiter à fond. Certains, à part la question de salubrité, n'accordent à cette étude aucune importance économique. D'autres, au contraire, ont exagéré cette importance, mais sans voir en quoi cette étude se rattachait nécessairement au problème général de l'économie du combustible.

J'ai résumé précédemment les diverses conditions d'une bonne combustion, mais pas un des appareils employés jusqu'ici ne les réalises toutes.

Quant au système adopté généralement, et que j'étudie ici, on peut dire qu'il ne satisfait à aucune.

En effet, le combustible, la houille et le comburant, l'air, *ne sont jamais intimement mélangés et ne peuvent l'être, ils ne sont pas de même nature physique.*

On est obligé par cela même d'introduire un fort excès d'air, la cinquième condition est donc loin d'être satisfaite.

Quant à la troisième et à la quatrième, elles ne sont remplies souvent que par hasard, les générateurs tubulaires de locomotive sont à ce point de vue dans de fort mauvaises conditions.

De cette combustion incomplète, il résulte que *la cheminée fume.*

Or, la fumée produit deux inconvénients principaux. Je ne m'arrêterai pas au premier, causé par l'insalubrité et l'incommodité qu'entraîne sa présence. Le second frappe l'industriel plus directement, car il se résume en une perte d'argent. Et qu'on ne dise pas qu'elle est minime, elle est presque toujours considérable, et atteint souvent des proportions incroyables.

Qui a vu fumer une usine métallurgique, des fours à coke, les foyers de verrerie, etc., doit être convaincu de ce que j'avance ici.

La fumée, en outre, peut être pour ainsi dire incolore, et renfermer encore des proportions considérables de gaz combustibles, car ce qui la colore, en noir plus ou moins intense, n'est pas le charbon emporté du foyer, mais le carbone impalpable produit par la décomposition partielle des hydrocarbures, à mesure que la fumée se refroidit.

Il n'y a pas un instant de la combustion où la proportion du mélange d'air et de gaz combustibles soit convenable; à chaque moment la perte par excès d'air se combine et s'ajoute à celle provenant de l'imperfection du mélange, et produit les effets les plus déplorables au point de vue économique.

Diverses analyses ont été tentées par différents savants pour déterminer les proportions de gaz combustibles restant dans les fumées.

Outre la difficulté que présentent ces analyses, et qui les rend plus ou moins inexactes, il est impossible de tirer une conclusion plausible de chiffres aussi variables que ceux fournis par ces diverses analyses.

Celles de M. Debette accusent en moyenne une perte de 9 pour 100; la première de ces analyses fournit au contraire un chiffre de 24 pour 100.

Des expériences faites en Alsace donnent une moyenne de 15 pour 100.

Ebelmen autrefois n'arrivait qu'à une perte de 7 pour 100.

Enfin M. Ser, dans un essai du fumivore Thierry, a trouvé une perte de 40 pour 100.

Si je remarque que ces nombres proviennent d'expériences faites sur des chaudières à vapeur, que dans d'autres branches très-importantes de l'industrie, citées plus haut, la production de fumée est beaucoup plus considérable que dans ce cas spécial, on reconnaîtra que je me tiens dans une limite encore assez restreinte en adoptant comme perte moyenne due à cette cause 20 pour 100.

§ VIII

4° Perte résultant de la formation des escarbilles.

Cette perte est elle-même très-variable. Dans les locomotives, par exemple, malgré l'étroit espace compris entre les barreaux, elle est encore assez importante, puisqu'on ne recueille pas ces escarbilles.

Dans les fours métallurgiques elle atteint souvent des proportions considérables. On pique la grille souvent, et, par suite, on fait tomber beaucoup de charbons non encore cokifiés, qui, continuant à se consumer au bas de la grille, constituent ce rayonnement si intense des fours à puddler et à réchauffer.

Dans des essais faits à Cherbourg sur des chaudières à vapeur, MM. Tresca et Silbermann ont trouvé des productions d'escarbilles égales à 25 pour 100 du charbon dépensé ; je crois être encore dans une limite minima en adoptant une perte moyenne égale à 15 pour 100.

§ IX

5° Perte de chaleur employée à vaporiser environ 48 kil. d'eau.

Dans le calcul de la puissance théorique de la houille considérée, j'ai adopté pour le pouvoir calorifique de l'hydrogène le nombre 34462, mais la vaporisation de l'eau à laquelle donne naissance sa combustion, absorbe une certaine quantité de chaleur.

Pour la calculer, je dois évidemment prendre pour la valeur de la chaleur latente de vaporisation de l'eau le nombre 606.5; car si cette chaleur latente est faible à l'instant de la combustion, elle augmente rapidement aux dépens de la chaleur sensible des gaz environnants, et la vraie perte due à cette cause aura pour élément la valeur de cette chaleur latente à la température atmosphérique, ou mieux à 0, pour rentrer dans l'appréciation précédemment admise.

Cette chaleur de vaporisation est ici complétement perdue; elle se trouve égale à :

$$48 \times 606.5 = 29102 \text{ calories, soit } 3.6 \text{ pour } 100.$$

§ X

6° Perte due au rayonnement et à la fusion des cendres.

Je ne fixerai pas provisoirement de chiffre pour ces dernières pertes relativement peu importantes et très-variables. Ce sera me placer encore ici dans une hypothèse défavorable à ma thèse.

Si maintenant je résume les diverses pertes calculées précédemment, je trouve :

1° Perte due à l'excès d'air..................	16 pour 100.
2° Perte due à l'emploi spécial de la cheminée.	18 —
3° Perte due au défaut de fumivorité.........	10 —
4° Perte due à la formation des escarbilles...	15 —
5° Perte due à la vaporisation de 48 kil. d'eau.	3.6
6° Perte due au rayonnement............... ...	Mémoire.
	72.6 p. 100.

Soit un total de 73 pour 100, pour la perte moyenne de chaleur subie dans un fourneau à grille et à tirage naturel.

Encore une fois, ce nombre n'est qu'une moyenne générale, il y a des cas où elle est dépassée, d'autres où elle n'est pas atteinte. Mais dans toute l'industrie métallurgique, ce nombre constitue un minimum.

§ XI

Tentatives faites pour amoindrir les pertes indiquées précédemment.

Cette question de l'économie du combustible a tenté bien des esprits; en effet, la dépense de charbon que nous faisons est en réalité une redevance, une contribution que nous devons tous payer, car elle pèse sur le prix de tous les objets fabriqués. Il est donc absolument vrai de dire que le sujet traité ici est une question sociale de la plus haute gravité.

Les essais tentés ont été nombreux et variés. Quelques-uns ont approché le but; souvent conçus avec intelligence, ils ont en partie échoué parce qu'ils ne reposaient pas sur de véritables principes théoriques.

La plupart des inventeurs se sont attachés à l'obtention de ce résultat isolé, *la fumivorité*, aussi presque tous les appareils portent-ils avant tout le titre de *fumivores*.

Or, la disparution de la fumée produit en effet un résultat économique considérable, à la condition, toutefois, qu'on ne l'obtienne pas en amenant dans les gaz un excès d'air; mais ce qui précède a montré que l'ennemi principal était le tirage naturel, en un mot la présence de la cheminée. Nulle part je ne trouve trace d'invention ayant pour résultat sa disparution. Mais une autre cause de perte importante due encore à l'emploi de la cheminée, réside dans le fait d'une combustion sous volume variable des gaz brûlés, et le système développé plus loin théoriquement et pratiquement, ayant pour but et pour résultat la suppression de la cheminée et la constance du volume des gaz brûlés, est la solution vraie du problème que je discute ici.

Je jetterai un coup d'œil très-rapide sur les divers appareils proposés depuis plusieurs années. On peut les classer ainsi :

1° Foyers à grille mobile;

2° Appareils avec introduction complémentaire d'air froid ou chaud ;

3° Foyers, dits fumivores, avec insufflation de vapeur sur la flamme, sur le combustible ou dans la cheminée.

4° Enfin les divers foyers, dits à gaz.

Ceux de la première catégorie sont des appareils mécaniques plus ou moins compliqués, abandonnés maintenant.

Les appareils de la deuxième série ne remédient à rien du tout. En général, ce n'est pas la quantité d'air qui fait défaut dans un foyer, c'est simplement son mélange avec les gaz de combustion qui n'a pas lieu. Donc, tout appareil qui se borne à amener un excès d'air, ne fait qu'exagérer la première perte.

Les appareils de la troisième série s'attaquent un peu mieux au fond de la question. Ils tentent le mélange des matières gazeuses; mais la vapeur injectée absorbant de la chaleur, par sa décomposition partielle, sans pouvoir ensuite la restituer, par sa reconstitution, augmente la quantité de chaleur sensible perdue par la cheminée, et en résumé coûte fort cher pour produire un résultat à peu près nul.

Le fumivore Thierry, qui est le principal de ces appareils, promet une économie de 10 pour 100 due à la fumivorité, et si on fait le calcul basé sur les chiffres fournis par cet inventeur lui-même, dans son prospectus, on trouve une dépense de vapeur fraîche de 8 pour 100, qui annule l'économie annoncée.

§ XII

Enfin viennent les foyers à gaz.

L'application du principe de la transformation préalable des combustibles en gaz, remonte déjà assez loin.

La première manifestation industrielle de ce mode de chauffage paraît être due, en France, à MM. Thomas Laurens et Ebelmen. Depuis les travaux de ce dernier savant, on peut dire qu'aucun progrès important n'a été réalisé, bien que cette question ait été reprise depuis sous diverses formes.

La principale tentative moderne ayant réussi dans de certaines limites, est celle de M. Siemens. Je ne chercherai pas à juger le mérite et la nouveauté de l'invention, je dirai seulement quelques mots de son principe et de ses résultats.

Dans ce procédé, le générateur de gaz n'est pas soufflé; la chaleur produite par la transformation du carbone en oxyde est totalement perdue; car il est impossible d'en récupérer la moindre partie par la décomposition d'une certaine quantité de vapeur injectée sur le foyer.

Le principe de l'appareil s'oppose aussi à ce qu'on utilise la chaleur sensible des gaz produits, puisque le tirage nécessite qu'ils arrivent sensiblement froids au régénérateur. Or, si l'on fait le calcul, on trouve que la chaleur dégagée par cette première transformation du carbone, se trouve égale à 160745 calories, soit une perte de 20 pour 100.

Ajoutons à cette première perte celle de tous les goudrons qui se déposent intégralement dans les conduites, et si l'on admet que leur prix de vente compense à peine les pertes d'argent et les inconvénients causés par la nécessité de les enlever fréquemment on arrive de ce chef à une seconde perte s'élevant à :

$$11858 \times 5 = 59290 \text{ calories,}$$

soit 7.4 pour 100.

Le rayonnement du foyer ne peut pas être utilisé d'une façon appréciable par la même raison qui a causé la première perte. De plus, le rayonnement est ici plus considérable que dans tous les autres systèmes. M. Krans, dans son étude sur ce mode de chauffage, après une suite de calculs laborieux, arrive pour la valeur de la perte causée par le rayonnement à :

27750 calories, soit, dans le cas actuel, 3.5 pour 100.

Le générateur Siemens étant à tirage naturel, on est forcément limité pour l'épaisseur du combustible que doit traverser le courant d'air, et cette épaisseur est presque toujours insuffisante pour la saturation complète de l'oxygène atmosphérique. La proportion d'acide carbonique devient parfois très-forte lorsqu'il se forme des attachements de voûtes qui laissent des vides dans la couche de charbon à distiller.

Au moyen du courant d'air forcé, au contraire, on peut faire l'épaisseur de la couche aussi forte qu'il est nécessaire pour que l'acide carbonique soit entièrement transformé en oxyde de carbone.

Le double tirage employé dans ces fours les rend très-délicats à manier et sujets aux caprices du vent.

Le premier tirage refoulant pousse les gaz au four par le *cooling tub.*, puis le second aspirant les fumées les rejette dans l'atmosphère.

Ce premier tirage cause une perte de chaleur, qui fait partie de celle trouvée précédemment, égale à 20 pour 100; quant au second, il est déterminé par la température des fumées à leur arrivée dans la cheminée. M. Krans dit qu'elles s'échappent à environ 200 degrés. Ce nombre est pour moi un minimum. J'ai constaté à plusieurs reprises une température plus forte; toutefois en l'adoptant, on arrive à une nouvelle perte égale à 10 pour 100.

Si maintenant on considère la fumivorité de cet appareil, on reconnaît qu'elle est loin d'être complète. J'ai vu des cheminées de fours Siemens fumer autant que celles d'un four ordinaire.

La cause en est que le mode de dosage de l'air et son mélange avec les gaz sont fort imparfaits. Aucune disposition ne les oblige à un contact intime.

Je crois me montrer très-favorable en adoptant seulement 5 pour 100 pour la perte due à la combustion incomplète.

Enfin, la perte de chaleur employée à vaporiser les 48 kil. d'eau subsiste ici tout entière, soit 3.6 pour 100.

Je ne m'arrêterai pas aux affirmations de quelques écrivains concernant la chaleur illimitée que, d'après eux, ce procédé permettrait d'atteindre. Un calcul fort simple montre avec évidence quelle température, encore assez restreinte, on ne peut pas dépasser.

Sans insister davantage sur divers autres inconvénients inhérents à ce procédé, et si je résume les conditions de son fonctionnement, je trouve pour les pertes nécessaires :

1° Transformation du carbone en oxyde...	20.0
2° Non utilisation des goudrons............	7.4
3° Perte due au deuxième tirage..........	10.0
4° Fumivorité incomplète..................	5.0
5° Rayonnement..............................	3.5
6° Vaporisation de 48 kil. d'eau............	3.6
	49.5

soit environ 50 pour 100. Dans ces conditions, il offrirait sur le chauffage ordinaire à peu près 20 pour 100 d'économie ; c'est, en effet, le nombre que m'ont accusé dans certains cas, divers, directeurs d'usines.

Je n'insisterai pas davantage sur les autres tentatives qui ont eu lieu. Si, en général, elles n'ont pas réussi, c'est, ainsi que je l'ai dit, parce qu'elles n'embrassaient pas la question dans son ensemble, parce qu'elles ne s'attaquaient pas à l'ennemi principal, qui est la dilatation libre des gaz brûlés, et dont l'auxiliaire est la cheminée.

Le système nouveau que je vais développer résout complétement, je crois, les deux difficultés que j'ai signalées et consistant dans la combustion incomplète et la dilatation libre des gaz brûlés.

DEUXIÈME PARTIE

CHAUFFAGE AU GAZ PERFECTIONNÉ
PAR COMBUSTION COMPLÈTE
ET SOUS VOLUME CONSTANT DES GAZ BRULÉS

TITRE PREMIER

CONSIDÉRATIONS THÉORIQUES ÉTABLISSANT L'IMPORTANCE ÉCONOMIQUE
DU CHAUFFAGE SOUS VOLUME CONSTANT

CHAPITRE PREMIER

Données générales sur le nouveau système. — Nature de la matière. — Définitions nouvelles de la densité et de la chaleur spécifique. — Lois qui les relient.

§ XIII

Le nouveau système de chauffage que je vais développer théoriquement et pratiquement, comprend deux parties, l'une reposant sur l'application de principes nouveaux, l'autre coordonnant divers perfectionnements apportés au chauffage ordinaire au gaz. L'ensemble forme un procédé complet applicable à toutes les branches de l'industrie, ayant pour résultat, frappant les regards tout d'abord, la suppression de la cheminée, et portant en résumé le titre de :

Chauffage économique par combustion complète
et sous volume constant.

Ce nouveau procédé consiste essentiellement dans la réduction en gaz de tous les combustibles employés jusqu'ici à leur état naturel, solide ou liquide.

Cette réduction s'opérera dans un gazogène de forme spéciale, soufflé par un ventilateur et un insufflateur à vapeur.

Une partie de la première chaleur de combustion du charbon sera utilisée par la décomposition d'une certaine quantité de vapeur d'eau. Du gazogène les gaz se rendront à la tuyère, où leur chaleur sensible utilisera une autre partie de cette première chaleur. Une troisième partie sera employée à chauffer l'air d'alimentation du gazogène, et enfin la quatrième et dernière partie sera utilisée par la vaporisation de l'eau se trouvant au bas de la grille et dans laquelle viendront s'éteindre les mâchefers et les escarbilles.

Le courant d'air de combustion à la tuyère sera chaud ou froid suivant les cas.

Les gaz brûlés et la flamme se répandront sous les capacités à chauffer ; puis leur dernière chaleur sera enlevée par un barbotage dans l'eau d'un appareil que je nomme *régénérateur hydraulique*, je dirai bientôt pourquoi, et de cette façon ne conserveront à leur sortie que la température et la pression de l'atmosphère ambiante.

On verra bientôt aussi que l'application de ce régénérateur aura pour effet de forcer la combustion à s'opérer sous volume constant des gaz brûlés, et les considérations suivantes vont en démontrer l'utilité et la nécessité.

Avant d'aborder le détail de la question, et pour bien spécifier les points fondamentaux sur lesquels reposent les dispositions pratiques que j'emploie, je vais indiquer en peu de mots les divers principes qui forment une partie de la théorie dont je me suis inspiré pour l'établissement de mes appareils.

L'application de ces principes conduit :

1° A l'emploi du chauffage ordinaire au gaz économique, déjà tenté plusieurs fois, mais avec des dispositions et perfectionnements de détail permettant de réaliser le plus d'effet utile possible dans l'emploi d'un poids donné de combustible;

2° Outre ces perfectionnements de détail qui résident surtout dans l'appareil de combustion et qui permettent déjà d'obtenir une économie considérable, j'obtiens une autre économie importante, dont la réalisation toute nouvelle, et faisant l'objet d'un brevet d'invention, repose sur la mise en pratique de principes théoriques pour la plupart nouveaux, et qui, en tous cas, n'ont pas été coordonnés encore de façon à pouvoir constituer un corps de doctrine et produire des résultats pratiques appréciables.

Ces principes théoriques sont en tous les points d'accord avec la nouvelle théorie mécanique de la chaleur constituée actuellement par les écrits des divers physiciens éminents qui ont traité cette matière.

Je considérerai provisoirement dans ce qui va suivre comme exactes les diverses déterminations de caloricités, densités, etc., faites par M. Regnault, expérimentateur des plus habiles, et je suis obligé, pour parler avec certitude des dispositions nouvelles nécessaires à l'économie du combustible, et pour démontrer leur efficacité, de dire quelques mots sur l'état de la matière.

§ XIV

Les corps qui se présentent à nous, quels qu'ils soient, que nous les nommions simples ou composés, ne contiennent, pour moi, qu'une seule et unique matière, comprenant deux ordres de molécules susceptibles d'avoir ou de n'avoir pas de forme, je les nommerai *morphes* et *amorphes*. — Elles ne peuvent pas se dilater.

Les premières sont susceptibles de cristalliser de façon différente. Par leurs agglomérations sous diverses formes, en diverses quantités, elles constituent les différents corps de la nature.

Quand on rompt l'état d'agrégation de ces molécules par l'application d'une force plus puissante que celle qui les unit, on produit ce que nous appelons un phénomène physique, si la rupture n'est qu'un éloignement de ces molécules les unes des autres, ou ce que nous nommons un phénomène chimique, si l'on met en présence des molécules cristallisées de façon différente et susceptibles, par leur union ou leur dissociation, de s'orienter d'autre sorte et de produire ainsi une cristallisation nouvelle. La force unique, seule cause de tous les phénomènes de mouvement qui frappent nos yeux dans l'univers, réside dans les molécules morphes sous le nom d'attraction. Entre ces molécules cristallisées, pondérables pour nous, sont interposées d'autres molécules, impondérables pour nous, d'une fluidité extrême, et qui, dans leur ensemble, ont reçu le nom de *matière cosmique* ou d'*éther*. Pour moi, ces molécules ne sont pas susceptibles de cristalliser, elles sont amorphes.

La matière cosmique est d'une fluidité extrême. Je ne l'assimile en rien à la chaleur, dont elle est simplement le véhicule, car le calorique n'est qu'un mouvement de ces molécules amorphes ou, comme on dit encore, des dernières particules de la matière.

Ainsi donc, l'impulsion créatrice primitive étant admise, tous les phénomènes du monde physique reposeront sur l'évolution de ces molécules morphes et amorphes obéissant aux actions exercées sur elles par la force unique susceptible de se manisfester à nos yeux sous forme de chaleur, lumière ou électricité.

Je vais étudier maintenant et rapidement deux ordres d'idées nécessaires à l'intelligence de mon sujet, *la caloricité*, *le travail moléculaire intérieur.*

§ XV

La caloricité, ou chaleur spécifique dans le langage ordinaire de la physique, ne représente qu'une *caloricité apparente.*

M. Hirn, dans son très-remarquable travail intitulé : *Théorie mécanique de la chaleur*, dit ceci :

« Ce qu'on a apppelé jusqu'ici capacité calorifique est une « variable, puisque la chaleur ajoutée aux corps dans les expé- « riences faites pour la déterminer n'est pas uniquement « employée à modifier la température.

« La capacité absolue est la quantité de chaleur nécessaire pour « augmenter d'une unité thermométrique la température de « l'unité de poids ; cette capacité est alors pour lui une constante « qu'il nomme *k*.

Ma définition n'est pas la même, je pousse l'analyse plus loin, et je nomme :

Caloricité réelle, la quantité de chaleur nécessaire pour élever d'une unité thermométrique la température de l'unité de volume de matière cosmique.

En sorte, que, si je désigne par y cette quantité que je regarde, bien entendu, comme constante pour tous les corps, si, d'autre part, u est la quantité de matière cosmique contenue dans l'unité de poids du corps considéré à la température de 0 degré, par exemple, j'aurai, entre le nombre de M. Hirn et ces deux nouvelles quantités, la relation :

$$k = y u.$$

Puisque je viens de dire que la matière cosmique n'était pas pondérable pour nous, il s'ensuit que plus un corps en contiendra relativement, et plus son poids sera faible.

D'où il suit que la densité d'un corps est donnée par le rapport qui existe entre le nombre de molécules morphes et le nombre de molécules amorphes contenues dans l'unité de poids de ce corps à une température déterminée.

Si m et u sont ces deux valeurs, on aura :

$$d = \frac{m}{u}$$

On en conclut tout de suite cette seconde définition :

La densité d'un corps relativement à un autre corps dont la densité est prise pour unité, est donnée par le rapport du fluide cosmique contenu dans l'unité de poids du second, au fluide cosmique contenu dans l'unité de poids du premier, tous deux étant pris à la même température.

Car si d', u', m' sont les valeurs afférentes au premier corps, d, u, m, celles relatives au second, dont la densité est prise pour unité, si, de plus, l'on considère toujours l'unité de poids, la matière morphe ne se dilatant pas, se trouve en même quantité dans les deux corps, et l'on a m' = m par suite, en appliquant la première définition :

$$d' = \frac{m}{u'}$$

D'où l'on tire en divisant :

$$\frac{d'}{d} = \frac{m}{u'} \times \frac{u}{m} = \frac{u}{u'}$$

Et comme par hypothèse, d = 1, on a finalement :

$$d' = \frac{u}{u'}$$

On verra plus loin cette définition rigoureusement confirmée par les chiffres que fournit l'état actuel de la science.

Ainsi que je l'ai dit précédemment, l'application de la chaleur à un corps quelconque n'est pas susceptible de dilater les molécules morphes ou amorphes de ce corps. Leur volume est immuable, elles ne font que s'écarter plus ou moins les unes des autres.

Sans insister davantage, je dirai que cette affirmation n'est pas une hypothèse; c'est plutôt pour moi un axiome, car admettre la dilatation d'une molécule quelle qu'elle soit, ce serait admettre l'existence du vide dans la nature matérielle, ce à quoi se refuse la raison.

Si donc nous chauffons un corps, que va-t-il se produire? La matière cosmique, interposée entre les molécules morphes, va vibrer avec une intensité croissante. Elle est le véhicule de la force manifestée sous forme de chaleur, les molécules morphes vont s'écarter les unes des autres, le vide qui se produit alors entre elles se remplit instantanément de nouvelles molécules de matière cosmique, en un mot, à mesure que la chaleur accomplit son effet, la quantité de matière cosmique contenue dans le corps va en augmentant. Par suite, le poids considéré de ce corps augmente de volume, c'est-à-dire que pour une même quantité de matière morphe, il contient une plus forte proportion de matière cosmique, ou, en d'autres termes, sa densité a diminué conformément à l'expérience et à la définition précédemment donnée.

L'inverse se produit quand on contracte le corps en question.

La conséquence des définitions précédentes sera que *les caloricités réelle et apparente des corps doivent augmenter quand on les dilate et diminuer quand on les contracte.*

Voyons à établir rigoureusement cette proposition fondamentale pour le sujet traité dans cette étude.

J'ai déjà dit que les chaleurs spécifiques consignées dans les tables ne représentaient pas les véritables caloricités, puisque la chaleur mesurée n'est pas uniquement employée à modifier la température.

Si donc je désigne par C_p la chaleur spécifique en poids à pression constante des tables, par i et e les quantités de chaleur consacrées aux travaux interne et externe pendant la dilatation du corps, j'aurai, en négligeant le rayonnement :

$$C_p = yu + i + e.$$

Au premier abord, on voit que si on laisse le corps se dilater librement, i diminue comme je l'établirai plus loin, mais e augmente. et yu augmente, parce que u s'accroît ; il s'ensuit que C_p augmente, parce que i, surtout dans les gaz, est petit relativement aux autres quantités.

Mais, d'ailleurs, remarquons que toutes les déterminations de chaleurs spécifiques faites jusqu'ici montrent que C_p s'accroît à mesure que le corps se dilate.

Les coefficients d'accroissement ont même été déterminés pour plusieurs corps solides. C'est ainsi que pour le fer la capacité calorifique s'accroît par degré ou par augmentation de volume correspondant à un degré de 0.0000595. — M. Regnault a trouvé que la caloricité de l'acide carbonique étant de 0.187 à 0, devenait 0.2396 à 200 degrés, que celle de l'air étant de 0.23727 à 0, devenait 0.23783 à 200, lorsqu'on laissait ces gaz se dilater librement.

Pour l'eau, sa caloricité étant 1 à 0 devient 1.0204 à 230 degrés dans les mêmes conditions.

En suivant le même ordre d'idées on est amené à établir que *pour un même corps la chaleur spécifique sera d'autant plus forte que la densité de ce corps sera plus faible.* L'expérience a vérifié encore cette manière de voir :

C'est ainsi que la caloricité du brome liquide étant 0.111, celle du brome solide n'est que 0,084. Il en est de même pour le mercure liquide, dont la caloricité est égale à 0.0333, et à l'état solide égale à 0.0319.

La caloricité apparente augmente aussi, surtout au moment où le corps commence à se ramollir, et en général elle est plus grande à l'état gazeux qu'à l'état liquide, et à l'état liquide qu'à l'état solide.

Enfin, si l'on consulte le tableau contenant les densités des corps, et en regard leurs caloricités, on reconnaît que la caloricité apparente est d'autant plus grande que la densité est plus faible.

Le plus léger corps connu, l'hydrogène, et le plus lourd, le platine, confirment pleinement cette loi, leurs caloricités étant respectivement égales à 3.4046 et 0.03243.

Ces chiffres, que je ne multiplierai pas, nous font déjà regarder comme vraisemblable la proposition faite plus haut et dont la suite va rigoureusement établir l'exactitude.

En effet, si la définition que j'ai donnée de la densité est exacte, et que je désigne par d, d', d'', etc., u, u', u'',... les densités et les quantités de fluide cosmique renfermés par différents corps, et je ne m'occuperai d'abord que des gaz qui nous intéressent, j'aurai les relations :

$$\frac{d'}{d} = \frac{u}{u'} \quad \frac{d''}{d} = \frac{u}{u''} \quad \frac{d'''}{d} = \frac{u}{u'''} \quad \text{etc.,}$$

ou ce qui revient au même :

$$\frac{d'}{d} = \frac{yu}{yu'} = \frac{k}{k'} \quad \frac{d''}{d} = \frac{yu}{yu''} = \frac{k}{k''} \quad \frac{d'''}{d} = \frac{yu}{yu'''} = \frac{k}{k'''}$$

en nous rappelant que k, k′, k″, k‴, etc., sont les capacités absolues déterminées par M. Hirn.

Or, M. Hirn trouve par le calcul que ces diverses capacités absolues sont respectivement :

Pour l'hydrogène....... $k = 2.4448 = yu$
» l'oxygène........ $k' = 0.15 = yu'$
» l'azote........... $k'' = 0.17143 = yu''$
» l'oxyde de carbone. $k''' = 0.17143 = yu'''$.

Si maintenant nous adoptons, pour les densités de ces divers gaz par rapport à l'eau, les nombres déterminés par M. Regnault et qui sont :

Pour l'hydrogène....... $d = 0.000089578$
» l'oxygène........ $d' = 0.001429802$
» l'azote........... $d'' = 0.001256167$
» l'oxyde de carbone. $d''' = 0.0012505$

Nous trouvons : $\frac{k}{k'}$ = sensiblement 16,

$\frac{d'}{d}$ = sensiblement 16.

On peut donc écrire : $\frac{d'}{d} = \frac{k}{k'}$

Puis : $\frac{k}{k''}$ = sensiblement 14,

$\frac{d''}{d}$ = sensiblement 14.

Donc : $\frac{d''}{d} = \frac{k}{k''}$

Enfin : $\frac{k}{k'''}$ = sensiblement 14,

$\frac{d'''}{d}$ = sensiblement 14.

Donc : $\frac{k}{k'''} = \frac{d'''}{d}$

Ces résultats très-remarquables prouvent deux choses :

D'abord, que ma définition est exacte ainsi que les déductions qui en découlent, ensuite, à l'honneur de la science française, que les chiffres déterminés par M. Hirn pour ces gaz, ainsi que ceux généralement admis pour les densités, sont bien près d'être exacts. — Si je rapproche ces divers résultats, je trouve donc que l'on a :

$$du = d' u' = d'' u'' = d''' u''', \text{etc.}, = \text{constante}.$$

Ce qui peut s'énoncer :

Le produit de la densité d'un corps gazeux par la quantité de fluide cosmique contenue dans l'unité de poids de ce corps est une constante.

Enfin, si nous multiplions par y nous avons :

$$dyu = d' y u' = d'' y u'' = \ldots = \text{constante},$$ ce qui s'énonce :

Le produit de la densité d'un corps gazeux par sa caloricité réelle est une quantité constante.

Ou en d'autres termes :

Lorsqu'on fait varier la densité d'un corps gazeux, sa caloricité réelle varie en sens inverse et, par suite, en raison directe de sa variation de volume.

C'est le théorème que nous voulions démontrer.

Je ne chercherai pas à établir que ce théorème est général et s'applique à tous les corps de la nature, cela m'entraînerait trop loin du sujet traité ici, où nous avons à considérer seulement certains gaz (1).

Maintenant voyons à quelles conclusions pratiques va nous conduire l'établissement de ce théorème :

(1) De la relation $dk = d'k' = d''k'' = \ldots..$ on tire facilement la relation qui lie les densités aux équivalents chimiques. En effet, on a, d'après Dulong et Hirn, en appelant E, E', E''..... les équivalents des divers corps gazeux simples ou composés,

$$kE = k'E' = k''E'' = k'''E''' = \ldots..$$

ce qui donne :

$$d'E = dE', \quad d''E = dE'', \text{etc...}$$

Si j'écris que *d* et E sont la densité et l'équivalent chimique de l'hydrogène, que de plus je pose E = 1, j'arrive à cette loi :

La densité d'un corps gazeux est égale au produit de son équivalent chimique, par la densité de l'hydrogène.

Cette loi, appliquée à tous les corps gazeux, montre que les équivalents admis jusqu'ici pour $C^2 H^4$, $Az H^3$, $C^4 H^4$, $Az O^2$, HCL doivent être divisés par deux, et celui de l'oxygène doublé, et que, de plus, les équivalents de toutes les vapeurs organiques doivent être divisés par deux, excepté celui du cyanogène qui reste égal à 26.

Et d'abord, que se passe-t-il lorsque l'on applique une certaine quantité Q de chaleur à un poids donné P de gaz?

Cette chaleur se partage en plusieurs parties :

1° Celle communiquée à la matière cosmique environnante, sous forme de *rayonnement* et qui sera Q_r.

2° Celle employée à produire ce que l'on nomme *travail externe*, et qui agit sur les corps voisins, sous forme de pression, par exemple dans le cylindre d'une machine à vapeur, et qui sera Q_{ex}.

3° Celle employée à annuler l'attraction qui joint les molécules morphes, produisant ce que l'on nomme le *travail moléculaire intérieur* et qui sera Q_i.

4° Celle employée à *l'accroissement de la température*, se manifestant sur le thermomètre, et qui sera Q_t.

On aura donc :

$$Q = Q_r + Q_{ex} + Q_i + Q_t.$$

Maintenant je suppose deux cas suivants : que les gaz brûlés pourront ou non se dilater librement.

Dans le premier, qui est le cas ordinaire, les caloricités apparente et réelle, comme je l'ai démontré précédemment, se sont accrues.

Elles étaient, par exemple, C et c, à la température de départ que je supposerai être o, pour plus de simplicité, elles sont devenues C′ et c′ à la température atteinte, qui sera t′.

J'ai donc, dans le premier cas :

$$Q - Q_r = Q_{ex} + Q_i + Q_r.$$

Or : $Q_t = Pc'\,t'.$

Mais on a aussi, car la caloricité apparente comprend, avec Q_r, les chaleurs Q_{ex} et Q_i,

$$PC't' = Q_{ex} + Q_i + Q_t = Q - Q_r'.$$

Dans le second cas, je suppose que, par l'application de mon appareil hydraulique décrit plus loin, le volume des gaz brûlés reste constant, on voit alors que $Q_i = o$.

Quant à Q_{ex}, j'admets, à mon désavantage, qu'il n'a pas diminué, et cela est vrai, en partie, car cette chaleur a produit un travail qui a pour mesure la colonne d'eau soulevée dans l'appareil, en sorte que dans ce second cas j'ai :

$$Q - Q_r = Q_{ex} + Q_t = PCt,$$

t étant la nouvelle température inconnue atteinte dans le second cas.

De plus : $Q_t = Pct$,

car C et c n'ont pas varié. On tire de là :

$$t = \frac{Q - Q_r}{PC} = \frac{Q_{ex} + Q_t}{PC}$$

Et $$t' = \frac{Q - Q_r}{PC'} = \frac{Q_{ex} + Q_i + Q_r'}{PC'}$$

On voit tout de suite que t est plus grand que t', car les numérateurs étant les mêmes, on a :

$$PC < PC',$$

puisque $C' > C.$

Donc, finalement : $t > t'.$

Je formulerai ainsi cette proposition bien acquise et fondamentale pour notre sujet :

Si l'on compare deux chauffages faits, l'un à volume constant, l'autre à volume variable des gaz brûlés, la température produite dans le premier est supérieure à celle produite dans le second, toutes autres choses étant égales d'ailleurs.

En examinant de près les formules précédentes, on reconnaît que cette augmentation de température est due à deux causes : d'abord, *le non accroissement de la caloricité réelle*, ensuite *la non production de travail intérieur*. Hâtons-nous de dire que pour les gaz permanents cette dernière cause influe peu relativement à la première, mais nous devons cependant en tenir compte, car dans les gaz brûlés se trouve une très notable proportion d'acide carbonique et même aussi de vapeur d'eau, pour lesquels corps le travail intérieur est loin d'être négligeable.

Si nous cherchons à nous rendre compte de l'importance pratique de cette augmentation de température, nous sommes arrêtés au premier abord par l'insuffisance des données. Nous n'avons à notre disposition que les caloricités apparentes déterminées par M. Regnault, et leurs accroissements jusqu'à 200 degrés, pour l'acide carbonique et l'azote. Il nous faudrait connaître exactement les caloricités réelles, leurs accroissements et les valeurs du travail intérieur de degré en degré.

Mes expériences et mes calculs sur ce sujet ont encore besoin d'être complétés, et je ne les publierai que plus tard et ailleurs.

Toutefois, il reste clairement démontré, d'après ce qui précède, que les caloricités apparente et réelle des corps gazeux augmentent à mesure qu'on permet à ces gaz de se dilater. Si comme première approximation, on applique les coefficients d'accroissement trouvés par M. Regnault, et qui sont égaux pour l'air à 0.0000028 et pour l'acide carbonique à 0.000263, par augmentation de volume correspondante à une élévation de 1 degré centigrade, et si l'on calcule, au moyen des formules précédentes, les valeurs de t et t', en se donnant pour Q la quantité de chaleur dégagée par la combustion des gaz employés et pour P le poids des gaz brûlés provenant de cette combustion, on trouve entre t et t' un écart dépassant 500 degrés, ce qui porterait le gain de température dû à la non dilatation des gaz brûlés à environ 25 pour 100 de la température théorique.

Et ne confondons pas, ce n'est pas là une création de chaleur nouvelle, *c'est simplement une régénération : on force à se manifester à l'état sensible et utilisable, une chaleur qui restait jusque-là à l'état latent.*

J'arrêterai là ces considérations sur la caloricité, pour dire quelques mots du travail moléculaire intérieur.

CHAPITRE II

Considérations sur le travail moléculaire intérieur.

§ XVI

Nous avons déjà vu que sans être nul pour les gaz permanents, il y était faible relativement aux valeurs qu'il atteint dans les gaz plus denses, dans les liquides et enfin dans les solides.

Quoi qu'il en soit, j'ai montré aussi qu'il se manifestait, lorsque l'on permettait aux gaz considérés de se dilater librement, et qu'empêcher cette dilatation, c'était là encore obtenir un effet utile plus considérable.

Reprenons, à ce point de vue, l'examen des phénomènes qui se passent, par exemple, lorsque l'on chauffe un corps solide. Nous avons vu que cette application de chaleur, en ayant pour effet d'écarter les unes des autres les molécules morphes du corps, permettait à une proportion croissante de matière cosmique de se loger entre ces mêmes molécules, que par suite la caloricité réelle augmentait avec le volume, mais, en même temps, cette matière ou fluide cosmique a exercé, par suite de son mouvement vibratoire, une série de tensions sur les molécules morphes et le corps fond. Si l'on continue l'action du calorique, le fluide cosmique augmente de plus en plus dans le corps, ses molécules morphes s'éloignent encore les unes des autres, et il vient bientôt à se vaporiser.

Pour arriver à ce résultat, on aura dépensé un certain nombre de calories, ayant produit un travail qu'on nomme moléculaire intérieur, et qui a eu successivement pour effets la fusion d'abord, la vaporisation ensuite.

Que si l'on continue encore à chauffer, la force ainsi mise en jeu sera assez puissante, dans beaucoup de cas, pour agir sur la cristallisation, même des molécules morphes, les dissocier et produire. par suite, ce que nous appelons une décomposition chimique.

J'ai dit précédemment que je regardais tous les corps de la nature comme obtenus simplement par l'agglomération, suivant diverses orientations, de molécules morphes cristallisées de façons différentes et séparées par l'interposition d'une quantité plus ou moins grande de matière cosmique.

Ces combinaisons de cristaux dans leur nombre infini forment l'immense variété des corps de la nature. Si nous disposions de forces ou chaleurs infinies, par rapport à notre petitesse, nous arriverions à isoler la molécule élémentaire et à pouvoir étudier les formes diverses qu'elle est susceptible de prendre. Y arriver expérimentalement me semble impossible à l'homme, mais le calcul est là, et lorsque l'on sera bien pénétré qu'on ne peut faire de chimie supérieure qu'avec l'aide de l'analyse géométrique, on se sera rapproché du but.

Nous n'avons encore aucune donnée certaine pour évaluer rigoureusement le travail intérieur.

Dans cette recherche on devra, je crois, appliquer la loi de Newton sur l'attraction. On possède un élément du travail moléculaire intérieur, c'est le chemin parcouru, le coefficient de dilatation α; avec cette restriction cependant, c'est que la valeur que nous mesurons est un minimum à cause du travail externe exercé sur les corps environnants.

Or, si mes définitions sont exactes, la dilatation vraie d'un corps sera d'autant plus grande pour un degré, c'est-à-dire toutes choses étant égales, d'ailleurs, pour une même quantité de chaleur appliquée, que le corps sera moins dense, c'est-à-dire contiendra, pour un même poids, plus de matière cosmique, ou que ses molécules morphes seront plus éloignées les unes des autres.

Si mes hypothèses, si les déductions que j'en ai tirées sont vraies, les valeurs déjà connues des coefficients de dilatation cubique devront corroborer la loi suivante :

La dilatation vraie d'un corps par degré est plus grande à l'état gazeux que celle du même corps à l'état liquide, que celle du même corps à l'état solide.

Et je dirai plus généralement :

Les coefficients de dilatation des gaz doivent occuper le premier rang, puis viennent ceux des liquides, puis ceux des solides.

Et cela, parce que, à mesure qu'on éloigne les unes des autres les molécules morphes d'un corps, en le liquéfiant, puis le vaporisant à mesure aussi, l'attraction qui lie ces molécules varie en raison inverse du carré des distances qui les séparent; que, par suite, cette attraction diminuant, la quantité de chaleur nécessaire pour la vaincre diminue aussi; que, par conséquent, enfin, l'effet produit comme dilatation, par une même quantité de chaleur, est de plus en plus grand, et que cet effet étant représenté approximativement par le coefficient de dilatation cubique, il s'ensuit que ce coefficient doit aller en augmentant, à mesure que le corps s'avance de l'état solide à l'état gazeux, ou, en d'autres termes, à mesure que sa densité diminue.

Les données de l'expérience confirment pleinement ce qui précède.

En général, le coefficient des gaz étant en moyenne égal à 0.00367 par degré, celui des liquides ne dépasse pas 0.0011 pour l'alcool, le plus faible d'entre eux est égal à 0.000156 pour le mercure, c'est-à-dire le plus dense, le moins liquide, si l'on peut s'exprimer ainsi.

Le coefficient de dilatation cubique le plus élevé, pour les solides, ne dépasse pas 0.000093 pour le zinc; le plus faible est celui du platine, égal à 0.000027.

Enfin, dans un même corps, à diverses températures, je trouve, d'après Dulong :

Mercure :	de	0 à 100.......	0.00018018
»		100 à 200... ...	0.000184331
»		200 à 300.......	0.000188679
Platine :	de	0 à 100.......	0.000026526
»		0 à 300.......	0.0000826446
Fer :	de	0 à 100.......	0.000035463
»		0 à 300.......	0.000131584

Ces divers chiffres montrent que le coefficient de dilatation s'accroît avec la température, en tant qu'elle produit une augmentation de volume.

Faisons toutefois cette restriction, c'est que, dans les gaz, le coefficient α diminue quand la densité diminue.

Cela n'infirme en rien ce que je viens de dire, car, dans ce cas, α est surtout fonction du travail externe. Or, nous savons que ce dernier travail augmente avec le volume; il s'ensuit que la quantité de chaleur nécessaire pour l'effectuer augmente; que, par conséquent, l'effet produit comme dilatation par une même quantité de chaleur est de plus en plus faible, et que cet effet, dans ce cas, étant représenté presque complétement par le coefficient α, il s'ensuit que ce coefficient doit aller en diminuant avec la densité du gaz.

Ajoutons que ce dernier effet est encore plus marqué lorsque l'on détermine ce coefficient dans les gaz soumis à une pression de plus en plus forte. Car il est évident que si l'on comprime le gaz en expérience, c'est-à-dire si l'on force ses molécules morphes à se rapprocher les unes des autres, puis que l'on cherche à les dilater, on est obligé de développer un travail intérieur moléculaire de plus en plus grand ; la quantité de chaleur possédée par le corps étant supposée constante, dans ce cas, le produit augmentant, l'un des facteurs étant constant, il faut que l'autre, qui est le coefficient de dilatation, augmente, et c'est ce qu'a trouvé M. Regnault.

Ce savant, en effet, a établi que le coefficient α, pour l'acide carbonique, était, pour une pression de 1 mètre de mercure, égal à 0.0036686 et à 0.0038057 pour une pression de 10 mètres de mercure.

La conclusion de tout ce qui précède est que :

Si on laisse les gaz brûlés se dilater librement et leur pression initiale diminuer, il y a absorption, à l'état latent, d'une quantité de chaleur non encore bien exactement déterminée, mais que j'ai démontré être importante. Si, au contraire, on s'oppose à cette dilatation, cette chaleur apparaîtra à l'état sensible.

Voyons par quels moyens pratiques nous pourrons arriver à produire une combustion où les gaz brûlés n'auront pas la facilité de se dilater librement.

TITRE II

DISPOSITIONS GÉNÉRALES SUR LESQUELLES REPOSE LE CHAUFFAGE AU GAZ ÉCONOMIQUE PAR COMBUSTION COMPLÈTE ET SOUS VOLUME CONSTANT

CHAPITRE PREMIER

Description du système nouveau. — Gazogène. — Appareil de combustion fumivore. — Régénérateur hydraulique.

§ XVII

Le nouveau système de chauffage que je propose, et dont cette étude aura démontré, je l'espère, l'immense avantage économique, trouve son expression dans le titre suivant :

Chauffage au gaz économique par combustion complète et sous volume constant.

Ainsi que l'indique ce titre, je me propose de chauffer tous les foyers, quels qu'ils soient, au moyen des gaz produits préalablement dans un gazogène spécial *à air forcé*, et d'empêcher ces gaz, après leur combustion, de se dilater librement, comme ils le font dans tous les foyers employés jusqu'ici.

Le remplacement du chauffage ordinaire par le chauffage au gaz à air forcé, déjà tenté maintes fois, a tantôt échoué, tantôt réussi dans de certaines limites. Quoi qu'il en soit, pour quiconque a étudié la question, ce dernier mode de chauffage procure à l'industriel qui sait l'employer de grands avantages, mais qui se trouvent augmentés dans une considérable proportion par l'application des perfectionnements que je vais décrire.

Le plus important de ces perfectionnements repose sur l'application pratique des principes établis et développés précédemment.

On a vu qu'une grande cause de perte de chaleur dans tous

les foyers industriels réside dans ce fait, qu'on laisse les produits de la combustion se dilater librement. Par là, on permet à leurs caloricités de s'accroître dans des proportions souvent considérables, et, par suite, on perd une notable quantité de calorique passant de l'état sensible à l'état latent. De plus, les molécules de ces fumées, en s'éloignant les unes des autres, absorbent une autre quantité de chaleur moins considérable, qui, transformée en travail moléculaire intérieur, passe encore à l'état latent.

Ces deux quantités de chaleur qui, produites par l'industriel dans son foyer, lui échappent ensuite complétement, forment une perte totale importante que j'entreprends d'annuler entièrement en forçant la combustion à s'opérer sous volume constant.

C'est là, en effet, que réside le grand intérêt de la question et non dans la pression plus ou moins grande à laquelle sont soumis les gaz brûlés.

Le but principal de mon invention est donc d'arriver à produire toutes les combustions intégralement et de m'opposer, autant que possible, à la dilatation des gaz brûlés.

Les calculs de la première partie ont surabondamment démontré que la cheminée était la grande plaie du chauffage industriel. C'est elle que mon appareil vient remplacer.

Ce système nouveau comprend trois parties principales :

L'appareil producteur de gaz ou *gazogène ;*

L'appareil de combustion des gaz ou *fumivore ;*

L'appareil *régénérateur hydraulique.*

§ XVIII

Le *gazogène* que j'emploie est connu en principe.

Il est à air forcé par une soufflerie quelconque et à vapeur injectée sur le combustible en ignition. Je le place le plus près possible de l'appareil de combustion, afin d'utiliser la chaleur sensible des gaz. Dans certains cas, je me réserve la possibilité d'interposer entre le gazogène et l'appareil de combustion un réservoir régulateur; dans d'autres, au contraire, il fait corps avec la capacité chauffée.

§ XIX

L'*appareil de combustion fumivore*, affectant la forme d'une tuyère, reçoit les gaz très-chauds arrivant du gazogène.

Le but que je me propose dans l'emploi de cette tuyère est d'opérer un mélange aussi intime que possible entre l'air et les gaz. Pour y arriver, cette tuyère est disposée de telle sorte que l'air entoure complétement le gaz à brûler de tous côtés, contrairement à ce qui se fait d'habitude.

L'air arrive donc sous forme de lame tout autour du jet de gaz, mais afin qu'il le pénètre plus intimement, je place devant ces lames d'air et de gaz une toile métallique percée de trous de petit diamètre, de sorte que l'air et les gaz sont divisés en veines fluides et non pas seulement en lames, se mélangent intégralement avant de brûler et, par suite, produisent une combustion complète exempte de fumée. La disposition de cette tuyère sera carrée, rectangulaire ou circulaire, suivant les foyers à chauffer. Les passages d'air et de gaz seront plus ou moins grands selon les cas et les combustibles employés.

J'amène l'air sur les gaz, suivant un certain angle α, et qui varie selon les cas et la longueur de la flamme à obtenir. Je me réserve la possibilité de chauffer l'air de combustion de la tuyère par les chaleurs de rayonnement perdues dans l'appareil à chauffer.

Dans le cas de chaudières tubulaires, ayant une boîte à feu métallique, comme les foyers des locomotives ou machines de bateau, je puis employer, au lieu de la tuyère précédente, une boîte en fonte ou en tôle, percée de trous par lesquels s'échappent l'air et les gaz, ces derniers étant toujours entourés par le premier. Ce système est disposé horizontalement ou verticalement, suivant les cas, carré ou circulaire, selon les applications.

§ XX

Le régénérateur hydraulique recevant les gaz brûlés à leur sortie de la capacité chauffée, produit les effets suivants :

1° Utilisation presque complète de la chaleur sensible emportée par les gaz brûlés après leur action sur l'appareil à chauffer, chaleur relativement très-considérable, et jusqu'ici employée uniquement à produire le tirage coûteux de la cheminée, ce tirage naturel étant rendu inutile par l'emploi d'air forcé, lequel emploi constitue, par ce fait, une économie de plus de 25 pour 100.

2° Régénération de la chaleur latente de vaporisation de l'eau contenue dans le combustible, et de l'eau formée par la combustion de son hydrogène, cette chaleur latente étant transformée par mon appareil en chaleur sensible utilisable.

3° Régénération de la chaleur perdue jusqu'ici par suite de l'accroissement de caloricité des gaz, la combustion sous volume constant empêchant cette chaleur de passer à l'état latent et la maintenant à l'état sensible, c'est-à-dire utilisable.

4° Régénération de la chaleur employée jusqu'ici au travail intérieur de dilatation des gaz, l'appareil ne permettant pas de se dilater librement.

5° Le régénérateur vient en aide à l'appareil de combustion pour produire une fumivorité complète.

6° Enfin, l'eau du régénérateur étant destinée presque toujours à l'alimentation des chaudières à vapeur, et cette eau se trouvant portée aux environs de 100 degrés, l'acide carbonique qu'elle contenait en excès s'en sépare, les sels calcaires, tenus en dissolution à la faveur de cet excès d'acide carbonique, se déposent dans le régénérateur, et l'eau d'alimentation arrive à la chaudière entièrement désincrustante.

Ce résultat, dû à l'emploi du régénérateur, est de la plus haute importance.

Voici en quoi consiste le régénérateur :

Supposons que nous envoyions dans la capacité à chauffer qui sera, par exemple, le carneau ou les tubes d'un générateur de vapeur, un poids connu d'un mélange gazeux enflammé pourvu d'un excès de pression quelconque sur la pression atmosphésrique, ce mélange va tendre à se dilater et sa pression diminuera, c'est ce qui se produit sans obstacle dans tous les foyers industriels mis, par leur cheminée, en communication libre avec l'atmosphère.

Au lieu de cela, profitant de l'excès de pression possédée par le mélange à sa sortie de la tuyère, je le force à conserver un volume constant depuis cette tuyère jusqu'à mon appareil hydraulique, et pour cela je le dirige, au sortir de l'espace chauffé dans un récipient en tôle contenant de l'eau et divisé en deux parties de sections plus ou moins inégales suivant les cas. Ces gaz brûlés en vertu de leur excès de pression font baisser le plan d'eau en A, il s'élève en B, et la différence de niveau h mesurera, à peu de chose près, l'excès de pression final des gaz brûlés.

L'appareil étant établi de façon que cet excès de pression soit capable de faire descendre le niveau dans la partie A, un peu au-dessous du plan de jonction *ab*, il s'ensuit que les gaz, en vertu de leur légèreté spécifique, vont tendre à s'élever dans la partie B en barbottant lentement à travers l'eau qui s'y trouve contenue. Pour faciliter leur diffusion à travers le liquide et rendre leur contact parfait avec lui, je les force à passer par les trous nombreux percés dans une plaque de tôle légèrement inclinée *c*, et fixée en *ab*.

Si les surfaces et les hauteurs d'eau sont bien calculées, on arrivera à ce résultat que les gaz, en parvenant au sommet de la partie B, y seront dépouillés de leur excès de chaleur et de pression.

On voit clairement que, de cette façon, j'arrive à ce résultat, à savoir que si j'injecte un mètre cube par seconde à la tuyère, il sortira sensiblement, dans le même temps, du régénérateur un mètre cube de gaz brûlé complétement, par suite que la constance de leur densité et de leur volume sera obtenue et que les diverses quantités de chaleur indiquées précédemment seront régénérées complétement.

Plusieurs cas généraux d'application peuvent se présenter, suivant les pressions que l'on voudra obtenir dans la capacité chauffée.

L'appareil régénérateur pourra s'appliquer toujours, même dans le cas de fours métallurgiques, où la pression des gaz dépasserait deux atmosphères absolues. Je ne m'arrêterai pas ici à décrire ces dispositions toutes spéciales.

Enfin, il est inutile de dire que dans tous les cas la cheminée sera détruite, ou mieux, complétement close par un registre.

TROISIÈME PARTIE

DÉTERMINATION DES AVANTAGES
ET DES CONDITIONS PRATIQUES D'ÉTABLISSEMENT
DU NOUVEAU PROCÉDÉ DE CHAUFFAGE

CHAPITRE PREMIER

Étude des pertes encore subies dans l'application du nouveau système. — Injection de vapeur sur la grille du gazogène. — Effet produit. — Calcul du ventilateur dans un cas donné. — Composition des gaz de combustion employés.

§ XXI

Je vais maintenant reprendre en quelques mots les diverses conditions d'un bon chauffage et les pertes subies actuellement dans l'industrie, et voir dans quelle proportion le système de chauffage précédemment décrit satisfait aux unes et annule les secondes.

On a vu qu'une bonne combustion nécessitait :

1° Que le combustible et le comburant fussent mélangés intimement.

Cette première condition, si importante, nous avons vu qu'elle n'était jamais satisfaite dans le chauffage ordinaire. Nous avons conclu aussi que les chauffages au gaz à tirage naturel, qui ont pour type principal le procédé Siemens, ne pouvaient non plus atteindre ce but indispensable.

Dans le nouveau système, au contraire, on voit dès l'abord que le mélange sera parfait, vu l'emploi de courants d'air et de gaz forcés se croisant sous un certain angle variable, le gaz étant entièrement enveloppé par l'air de combustion.

2° La seconde condition, que le combustible et le comburant doivent être de même nature physique, est ici évidemment satisfaite.

3° La troisième condition porte que les gaz doivent être mis en contact à la température nécessaire pour que leur combinaison soit parfaite ; cette condition sera satisfaite aussi, puisque les gaz arriveront très-chauds à la tuyère, et que l'air de combustion sera plus ou moins chaud, suivant les cas.

4° Il faut que les proportions du combustible et du comburant soient celles exactement exigées par le résultat de la combinaison.

Cette dernière condition, impossible à satisfaire avec un foyer à grille, très-difficile à atteindre avec des courants de gaz naturels, sera très-facile à réaliser ici, puisque l'on est entièrement maître de distribuer l'air et les gaz à volonté.

Voyons maintenant dans quelle proportion sont annulées les pertes déterminées précédemment dans un chauffage ordinaire.

§ XXII

I. Perte due à l'excès d'air.

Cette perte disparaît entièrement ici, puisque la quatrième condition d'une bonne combustion ci-dessus énoncée est satisfaite.

II. Perte due au tirage par la cheminée.

Dans ce nouveau système, la cheminée disparaît, et le régénérateur hydraulique utilisant presque complétement la chaleur sensible des gaz brûlés, cette seconde perte se trouve annulée. Il faut ajouter qu'elle est remplacée par une de beaucoup moins importante et due à l'emploi du ventilateur. Je la calculerai plus loin.

III. Perte due au défaut de fumivorité.

Par le fait que l'air et les gaz sont intimement mélangés, cette cause de perte disparaît entièrement.

IV. Perte due aux escarbilles.

Celle-ci disparaît encore, les escarbilles du gazogène étant recueillies et rechargées ensuite.

V. Perte due à la vaporisation de 48 kil. d'eau.

Cette perte est annulée par l'emploi du régénérateur ; la vapeur d'eau produite contenue dans les gaz brûlés en barbottant dans l'eau de cet appareil s'y condense entièrement, et sa chaleur latente de vaporisation est ainsi complétement utilisée.

VI. Perte due au rayonnement.

Dans le système ordinaire, je l'ai fait figurer seulement pour mémoire ; ici elle est, pour ainsi dire, annulée : au gazogène par l'eau de la grille et le courant d'air circulaire, à la chaudière ou au four par le chauffage de l'air de combustion.

J'arrive aux pertes spéciales à l'emploi du nouveau procédé.

§ XXIII

VII. Perte résultant de la transformation du carbone en protoxyde.

Cette cause de perte ou de dépense de chaleur inhérente à tous les chauffages au gaz économique, nous l'avons vu être égale à 20 pour 100 dans le procédé Siemens et ses analogues, et j'ai montré comment, dans ce cas, il était impossible d'en récupérer quoi que ce fût.

Dans l'emploi d'un gazogène à air forcé, au contraire, l'expérience a démontré, depuis longues années, et récemment encore, à plusieurs reprises, aux forges de Montataire, que l'on pouvait injecter de la vapeur d'eau sur le foyer producteur de gaz, employer une partie de la chaleur en question à décomposer cette vapeur, et, par ainsi, enrichir les gaz de combustion.

Pour décomposer une quantité donnée de vapeur d'eau, il faudra faire la dépense de chaleur nécessaire pour dissocier l'hydrogène et l'oxygène. Mais, d'autre part, la vapeur apporte en elle une certaine quantité de calorique, qui est sa chaleur latente de vaporisation, comprenant la chaleur latente et la chaleur sensible, laquelle chaleur totale varie avec la température de cette vapeur et joue un rôle favorable en venant se défalquer de celle nécessaire à la dissociation, et dont il faut tenir compte.

Disons d'abord que la plus ou moins grande quantité de vapeur injectée sera toute à notre convenance, et qu'on en injecte peu ou beaucoup, on arrivera toujours à utiliser presque toute la chaleur dégagée par le charbon en ignition sur la grille du gazogène.

Si je nomme chaleur positive celle produite, chaleur négative celle absorbée, la réaction que nous produirons sur notre grille pourra se résumer dans ce but à atteindre :

Chercher à maintenir la supériorité de la chaleur positive sur la chaleur négative, afin de conserver aux gaz de combustion avant leur arrivée à la tuyère une certaine chaleur sensible.

La suite va montrer qu'il nous sera loisible de disposer notre appareil de façon à n'avoir comme perte de chaleur que celle provenant du rayonnement, et celle-ci nous pourrons la réduire à fort peu de chose, en tenant d'abord le cendrier parfaitement clos, puis en utilisant une grande partie de la chaleur rayonnante de la grille par une bâche d'eau située au-dessous, laquelle produira de la vapeur qui, en s'élevant, se décomposera à travers le combustible en ignition et viendra ainsi en aide à la vapeur injectée; enfin, en faisant circuler autour de la chemise du gazogène l'air d'injection.

La chaleur totale, produite par la transformation du carbone en oxyde, au lieu d'être complétement perdue ou employée au tirage comme dans le procédé Siemens, pourra être ici récupérée presque entièrement et se partagera en trois.

1° Celle conservée par les gaz avant leur arrivée à la tuyère à l'état de chaleur sensible ;

2° Celle employée à la décomposition de la vapeur ;

3° Celle, très-faible, perdue définitivement en rayonnement et qui pourra même, avec des dispositions spéciales, être presque entièrement annulée.

Les deux premières seront par nous équilibrées comme bon nous semblera, puisque nous serons maîtres de faire varier la quantité de vapeur injectée. Cependant, cherchons à fixer un chiffre pour cette quantité, d'après ce que la pratique a reconnu possible.

Des expériences auxquelles j'ai contribué ont été faites, à plusieurs reprises, sur ce sujet spécial, aux forges de Montataire. Le gazogène employé marchait environ à raison de 100 kil. de combustible consumé par heure, moitié coke et moitié charbon de terre. La vapeur injectée se décomposait fort bien. Dans une des expériences, on en envoyait 62 kil. par heure, dans une autre, 46 kil. — Pour être dans de sages limites, j'adopterai, dans le cas actuel, l'injection d'un poids de vapeur capable de s'unir à la moitié du poids de carbone brûlé, soit 33 kil. environ. Analysons le phénomène.

Le carbone brûlé par l'air se transforme en acide carbonique. Il y a 32 kil. de carbone dans ce cas. Ces 32 kil., après cette réaction, repassent à l'état de protoxyde et forment ainsi 74 kil. 67 d'oxyde de carbone ayant exigé, pour cette transformation, 185 kil. 52 d'air.

Les 33 kil. restant attaqués par la vapeur, se transforment en un mélange de CO et C^2H^4, vu la présence d'un excès de carbone, et décomposent exactement 33 kil. de vapeur. Les gaz résultant de cette réaction seront :

$$51^k,\ 328 \text{ de CO},$$
$$14^k,\ 6668 \text{ de } C^2H^4.$$

Voyons quelles seront, dans ces réactions diverses, les chaleurs produites et absorbées que j'ai nommées positives et négatives :

1° Transformation des 32 kil. de carbone en CO^2 :

$32 \times 8080 = 258560$ calories (chaleur positive).

2° Transformation de $21^k.998$ de carbone en CO. Ce sera :

$21.998 \times 2473 = 54401$ calories (chaleur positive).

3° Transformation de 11^k001 de carbone en C^2H^4 :

Environ 3623 calories (chaleur positive).

4° Abandon par la vapeur ou apport par elle de sa chaleur totale de vaporisation, supposée à 5 atmosphères.

Ce sera :

$653 \times 33 = 21549$ calories (chaleur positive).

5° Il y aurait enfin la chaleur apportée par l'air d'insufflation, que nous chaufferons; mais cette dernière chaleur étant prise sur le rayonnement même de l'appareil est peu utile à considérer ici.

Si je fais la somme des chaleurs positives ainsi déterminées, je trouve :

$$1° + 2° + 3° + 4° = 338133 \text{ calories}.$$

Le résultat de ces combustions est une température élevée

produite; mais, en même temps, ont lieu deux effets qui se traduisent par une chaleur totale négative.

1° La décomposition des 33 kil. de vapeur absorbe :

126362 calories ;

2° Les 32 kil. de carbone ayant produit de l'acide carbonique repassent à l'état d'oxyde et absorbent pour cela :

179424 calories,

ce qui fait un total de chaleurs négatives égal à :

305786 calories,

soit un excès positif égal à :

32347 calories.

Cet excès sera, pour la plus grande partie, utilisé à conserver aux gaz une chaleur sensible assez considérable et très-utile à leur combustion subséquente. Un calcul fort simple montre que, dans ce cas, la température de ces gaz à leur entrée dans la tuyère sera d'environ 350 degrés, valeur très-convenable.

On voit, d'ailleurs, qu'en faisant varier les proportions de la vapeur injectée, nous pourrons augmenter ou diminuer cette température selon les besoins et à volonté.

Dans tout ce que je viens de dire, j'ai supposé l'air d'insufflation à 0, il n'en sera jamais ainsi, car j'injecte sur la grille du gazogène de l'air plus ou moins chaud et, par suite, j'amène une nouvelle chaleur positive qui, en fin de compte, se retrouvera évidemment dans la chaleur sensible des gaz à leur arrivée à la tuyère.

Pour terminer cette recherche qui a pour but l'établissement définitive de la perte due à la transformation du carbone en protoxyde, j'ai à comparer l'avantage obtenu par cette injection de vapeur à la dépense occasionnée par elle :

1° L'injection de vapeur et sa décomposition ont enrichi les gaz dans une certaine limite, et, par suite, la puissance calorifique du gaz combustible a varié;

2° Il y a dépense de chaleur par l'emploi de la vapeur injectée.

Nous allons déterminer ces deux points :

1° *Enrichissement des gaz de combustion.*

En réunissant les divers nombres précédemment établis,

on arrive, pour la composition et la puissance calorifique des gaz combustibles, dans l'hypothèse d'une injection de 33 kil. de vapeur par 100 kil. de houille, aux chiffres suivants :

		kil.		calories.
Venant de la vapeur d'eau.	C^2H^4...	14.6668	× 13.063	= 191592.4084
	CO.....	51.328	× 2.403	= 123341.1840
Venant de l'air.	CO.....	74.67	× 2.403	= 179432.0100
Goudron......	C^4H^4...	5	× 11.858	= 59290.0000
Venant du gaz éclairant.	H......	0.24	× 34.462	= 8270.8800
	C^2H^4...	14.16	× 13.063	= 184972.0800
	C^4H^4...	1.60	× 11.858	= 18972.8000
	CO.....	2.60	× 2.403	= 6247.8000
TOTAL				772119.1624

Si nous n'injections pas de vapeur nous obtiendrions un gaz dont le pouvoir calorifique serait :

	kil.		
CO...........	151.66667	× 2403	= 364455.00801
Goudron.....			= 59290.00000
Gaz éclairant.			= 218463.56000
TOTAL.			642208.56801

Ce qui nous fait un gain dû à la décomposition de vapeur égal à :

$$772119.1624 - 642208.56801 = 129910.59 \text{ calories.}$$

Ne pas oublier, d'ailleurs, que l'on doit ajouter à ces nombres la somme de calories représentant la chaleur sensible conservée dans l'un ou l'autre cas par les gaz de combustion à leur arrivée à la tuyère.

2° *Dépense constituée par l'emploi de la vapeur injectée.*

Nous avons supposé une consommation de 33 kil. de vapeur à 5 atmosphères.

La chaleur totale théorique contenue dans cette vapeur est égale à :

$$33 \times 653 = 21549 \text{ calories.}$$

Mais la dépense réelle est plus forte. En supposant que la chaudière qui l'a produite n'utilise que les 2/3 de la chaleur fournie par le combustible, ce qui serait un grand minimum, en lui supposant appliqué le nouveau système, nous pourrons porter cette dépense à :

28000 calories environ.

On voit quel avantage très-notable produit l'injection de vapeur d'eau.

Un dernier calcul va montrer que la perte définitive due à la transformation du carbone en protoxyde dans ce système est fort minime pour ne pas dire nulle.

En effet, comparant les calories produites et dépensées nous voyons que, d'une part :

Les 65 kil. de carbone auront dégagé :

$$65 \times 2473 = 160745 \text{ calories.}$$

La dépense due à l'emploi de la vapeur est, nous venons de le voir, égale à 28000, soit au total : 188745 calories.

Nous avons vu précédemment que l'enrichissement des gaz représentait 129910 calories 59, la perte serait donc égale à :

$$188745 - 129910.59 = 58834 \text{ calories } 41.$$

Mais n'oublions pas que cette chaleur excédante est en grande partie utilisée dans la chaleur sensible des gaz de combustion. Nous avons trouvé précédemment 32347 calories.

Il y aurait donc un excédant égal à 26487 calories 41, qui n'est pas perdu davantage, car il est, en grande partie, utilisé par le chauffage de l'air qui entoure le gazogène et la vaporisation de l'eau située au bas de la grille. Toutefois, pour me placer dans une hypothèse défavorable à mon argumentation, j'admettrai une perte définitive égale à 20000 calories, soit :

$$\frac{20000}{803779.6} = 2.5 \text{ pour } 100.$$

§ XXIV

Perte ou dépense de chaleur résultant de l'emploi d'une soufflerie.

Pour déterminer ce dernier point, il nous faut calculer d'abord la quantité d'air nécessaire au gazogène et à la tuyère.

L'air nécessaire à la tuyère variera suivant que le gaz de combustion sera produit avec ou sans injection de vapeur d'eau.

Dans le cas de non injection de vapeur d'eau, on arrive par un calcul fort simple que je ne détaillerai pas ici, appliquant les divers chiffres déterminés précédemment, à établir que la quantité d'air nécessaire à 0 et 760 pour brûler les gaz arrivant à la tuyère est égale, dans le premier cas, à :

742 kil. 72985.

J'ai supposé que l'acide sulfhydrique échappait à la combustion.

Dans le cas où l'on considère l'emploi de gaz produits avec injection de vapeur, on trouve pour le poids de l'air nécessaire à leur combustion :

933 kil. 94315.

Quant à la quantité d'air à injecter sous la grille du gazogène, elle sera égale à :

376 kil. 8,

Et dans le deuxième, à :

185 kil. 52.

Si l'on fait le total, on trouve, dans le premier cas :

1119 kil. 5.

Et dans le second :

1119 kil. 5.

Ces deux nombres sont égaux. Il ressort de là un théorème de combustion intéressant que l'on peut énoncer ainsi :

L'air nécessaire à la transformation finale en acide carbonique d'un poids donné de carbone est le même, quelle que soit la quantité de vapeur qu'on injecte sur ce carbone en ignition pour la décomposer.

Ceci, d'ailleurs, s'explique très-facilement; car, en décomposant de la vapeur d'eau, on introduit, d'une part, de l'oxygène, par suite, on diminue l'air nécessaire, mais, d'autre part, on amène de l'hydrogène qui exige une nouvelle quantité d'oxygène pour se brûler, et exactement la même que celle déja entrée en combinaison.

Donc, la quantité finale et totale d'air nécessaire est immuable.

On voit donc comme conclusion que cette insufflation de vapeur n'apporte aucun excès de dépense quant à l'air injecté, et que la quantité variable de vapeur n'amènera aucune perturbation dans la marche du ventilateur.

La quantité d'air nécessaire à la combustion étant déterminée, nous aurons facilement la dépense occasionnée par l'usage du ventilateur.

Les 1119 kil. d'air représentent un volume de 861 mètres cubes à 0 et 760. Comme la température est en moyenne de 15 degrés, prenons en chiffres ronds 1000 mètres cubes par heure ou par minute 16 m. c. 666.

Si nous admettons que sa pression doive à son entrée au gazogène dépasser la pression atmosphérique de $0^m.15$ d'eau, et que nous attribuions au ventilateur un rendement de 20 pour 100, nous trouvons que sa puissance devra égaler au maximum 3 chevaux, soit environ une dépense de 60 kil. de vapeur, et, par suite, à peine 5 pour 100 de la puissance théorique totale.

Si l'on suppose à l'air une pression de 0.10 on obtient un nombre plus faible.

Ajoutons que s'il s'agit d'une consommation de houille plus importante donnant lieu à l'emploi d'une soufflerie à piston, cette dépense sera relativement moindre.

Quoi qu'il en soit, la pression de l'air égale à $0^m.15$ d'eau étant convenable dans le cas moyen, j'adopte pour la dépense cherchée le nombre précédent : 5 pour 100.

§ XXV

A ce propos, je dirai quelques mots de l'emploi de l'air chaud en ces circonstances.

A priori il semble qu'il doive toujours résulter de cet emploi un avantage économique. Un calcul fort simple montrerait que dans le cas actuel on pourrait gagner 7 pour 100, en supposant l'air injecté à 200 degrés. Mais cet avantage n'est pas aussi complet qu'on le croit au premier abord.

En effet, le chauffage de l'air augmente son volume dans une proportion notable. De là cette conséquence, que le mélange avec les gaz combustibles est rendu plus difficile à effectuer. Chaque atome de gaz devant être en contact avec un volume d'air dix fois plus grand que le sien, on doit se garder d'augmenter les difficultés déjà considérables qui s'opposent à un mélange parfait.

Au contraire, le chauffage des gaz est tout avantageux, en ce sens, que si l'air n'est pas chauffé, le mélange est facilité par la raison contraire à celle que je viens de donner, et que, de plus, la combustion des gaz est très-vive lorsqu'ils sont à une température élevée, mis en contact avec de l'air très-dense.

Cependant on ne doit pas proscrire l'emploi de l'air chaud, mais il ne me paraît nécessaire que pour l'obtention de températures très-élevées, ce qui n'est pas le cas d'un chauffage de générateur à vapeur.

Si maintenant nous résumons les diverses pertes que nous venons d'établir au passif du nouveau système, nous arrivons à conclure que les six premières sont pour ainsi dire complétement annulées, et nous n'avons à considérer que la septième et la huitième dont la somme forme :

7.5 pour 100.

Or, le système ordinaire de chauffage dans un cas moyen nous a donné :

73 pour 100.

On voit donc quel avantage immense produit l'application du nouveau procédé.

Et cependant, en analysant la discussion précédente on doit reconnaître que j'ai parlé des avantages de mon système plutôt avec modération qu'autrement.

On admettra donc facilement qu'il nous reste encore une bien belle marge pour accorder aux petites pertes inconnues, qui pourront se manifester comme dans l'établissement de tout nouveau procédé, une proportion assez grande pour nous laisser cependant, en fin de compte, une fort belle économie certaine.

On en sera d'autant plus convaincu quand on aura ajouté à cette importante économie de combustible les divers avantages spéciaux à l'emploi de ce système, et qui sont énoncés plus loin.

Avant de terminer cette étude, je veux dire encore quelques mots touchant la pratique du procédé.

§ XXVI

Des expériences ont été faites aux forges de Montataire, j'en ai déjà parlé, certaines ont eu pour but l'emploi du gaz d'éclairage. Or, elles ont prouvé péremptoirement qu'on pouvait descendre dans un four à puddler à une consommation de 43 mètres cubes de ce gaz à 0 degré pour 100 kil. de fer en barre, soit un poids de ce gaz égal à :

$$43 \times 0.558 \times 1.293 = 31 \text{ kil. } 04342,$$

dont le pouvoir calorifique est égal à :

339056 calories.

En comparant cette dépense à celle faite moyennement au même four chauffé par une grille ordinaire à feu nu, on trouve que cet emploi de gaz d'éclairage procurait une économie de chaleur atteignant 45 pour 100.

Je dis économie de chaleur et non d'argent, car le combustible gaz d'éclairage est plus coûteux que la houille à pouvoir calorifique égal.

Mais cela n'infirme en rien la conclusion que l'on doit tirer de ces expériences sur l'immense avantage que procure l'emploi des gaz; cette économie de chaleur était due presqu'entièrement à la combustion plus complète, au non excès d'air et à la suppression des escarbilles, car les produits de la combustion n'étaient pas mieux utilisés à leur sortie du four que dans les cas ordinaires.

Ces expériences nous montrent donc que si l'on joint aux avantages déjà produits par l'emploi du gaz d'éclairage, les économies spéciales provenant de l'application du nouveau procédé de chauffage au gaz économique, sous volume constant, calculées précédemment, on arrivera avec certitude à un mode de combustion parfaitement rationnel et des plus économiques.

Enfin, dans des tentatives de fabrication d'acier au gaz, on a reconnu, dans le même établissement, que le prix de revient du gaz fabriqué dans des gazogènes à air forcé analogues à celui que j'emploie, restait en moyenne au-dessous de 7 dixièmes de centime le mètre cube à 0, prix brut avec de la houille à 20 francs la tonne.

Je résume ici la composition du gaz que j'emploie en supposant une injection et décomposition de vapeur d'eau égale à 33 kil. par 100 kil. de houille brûlée :

		Poids kil.	volume à 0 et 760. mètres cubes.
Venant de la vapeur :	C^2H^4	14.6668	20.51300
	CO	51.3280	41.06200
Venant de l'air :	CO	74.6700	59.73600
	Az	142.8500	113.77900
Eau de composition		5.0000	6.20200
Goudron	C^4H^4	5.0000	3.95300
Gaz éclairant :	H	0.2400	2.67997
	C^2H^4	14.1600	19.81414
	C^4H^4	1.6000	1.26475
	CO	2.6000	2.07858
	AzH^3	0.5000	0.64882
	HS	0.2000	0.12985
	CO^2	0.7000	0.35407
		313.5148	272.21518

La densité de ce gaz à 0 et 760 sera égale à 0.8908, et le poids du mètre cube 1 kil. 1518.

Si maintenant on suppose un gaz produit sans injection de vapeur, on a pour sa composition :

	Poids kil.	volume à 0 et 760. mètres cubes.
CO	151.66667	121.333
Az	290.14494	231.099
Eau	5.00000	6.202
Goudron C^4H^4	5.00000	3.953
Gaz éclairant	20.00000	26.97018
	471.81161	389.55718

La densité sera égale à 0.9367, et le poids de son mètre cube 1 kil. 21115.

D'autre part, si l'on compare les pouvoirs calorifiques de ces trois gaz on trouve :

	Par kil.	par mètre cube.
Pour le 1er	2462.8	2836.9
Pour le 2me	1361.2	1648.6
Gaz éclairant	10923.18	8100.2

On a ainsi toutes les données générales nécessaires pour l'établissement des différents cas particuliers.

§ XXVII

Je terminerai ces considérations par le résumé des avantages de diverses natures que procure l'application de ce système de chauffage.

1° Emploi possible, dans toutes les circonstances, de combustibles de toutes qualités.

Ce point est très-important; il constitue avec l'économie de combustible produite, le côté social de la question en ayant pour conséquence de reculer, autant que possible, le moment où le combustible manquera à l'homme.

2° Durée plus grande des maçonneries de briques dans les fours métallurgiques, ainsi que des foyers métalliques de générateurs tubulaires vu l'absence de l'excès d'oxygène, cause principale de l'oxydation dans ce cas.

3° Possibilité de régler à son gré l'intensité et la nature de la flamme, par suite la marche de l'appareil à chauffer.

4° Dans la fabrication du fer et de l'acier, grande économie sur les déchets, amélioration de qualité.

5° Dans les chaudières marines, l'économie réalisée sur le charbon permet d'en emmagasiner une moins grande quantité, et d'augmenter ainsi le tonnage utile du navire.

6° Ce système de chauffage permet de réaliser des températures plus élevées que celles atteintes jusqu'ici en industrie.

7° L'eau d'alimentation ainsi chauffée dans le régénérateur aux environs de 100 degrés, devient beaucoup moins incrustante. L'acide carbonique qu'elle renferme est en effet chassé, et le carbonate de chaux qui se trouvait dissous à la faveur de cet excès d'acide, se dépose dans le régénérateur au lieu de venir incruster la chaudière.

La conséquence dernière est la réduction, dans de fortes proportions, des chances d'explosion du générateur.

8° La suppression de la fumée, comme on a pu s'en convaincre, est radicalement complète. Cet avantage se chiffre souvent par des sommes considérables.

9° Enfin, l'utilisation du combustible étant considérablement augmentée, il en résulte pour l'industriel une économie de combustible variable suivant les applications, mais toujours fort importante.

Elle est due principalement *à la combustion complète obtenue sous volume constant* et à la suppression des escarbilles.

RÉSUMÉ GÉNÉRAL ET CONCLUSIONS

Dans la première partie de ce Mémoire, j'ai étudié et examiné l'état actuel du chauffage industriel; j'espère avoir montré combien, en général, il était imparfait et que, de plus, l'ennemi principal à combattre était le tirage naturel produit par la cheminée.

Je n'ai pas craint de conclure que la perte totale dépassait en moyenne les 70 pour 100 du charbon chargé sur la grille, inférieure dans certains cas, supérieure dans d'autres à ce chiffre.

Amené par ce résultat fâcheux à étudier les moyens d'y remédier, je suis arrivé, dans la seconde partie, à établir, par une suite de déductions reposant les unes sur des considérations purement théoriques, les autres sur des faits d'expérience, que le principe du mal résidait dans la faculté qu'ont les produits de la combustion de se dilater librement.

Un fait acquis à la pratique industrielle et connu de tous, à savoir : les hautes températures obtenues par un chauffage sous pression, a trouvé là son explication naturelle. J'ai montré que sans avoir besoin de recourir à de hautes pressions, on arrivait à un résultat analogue en s'opposant, par l'emploi du régénérateur hydraulique, à la dilatation des gaz brûlés.

L'ensemble de cette partie théorique peut se résumer ainsi :

Si l'on compare deux chauffages faits, l'un à volume constant, l'autre à volume variable des gaz brûlés, la température produite dans le premier cas est supérieure à celle produite dans le second, toutes autres choses étant égales d'ailleurs.

Et cela parce que :

Si on laisse les gaz brûlés se dilater librement et leur pression initiale diminuer, il y a absorption à l'état latent d'une quantité de chaleur non encore bien exactement déterminée, mais toujours importante. Si, au contraire, on s'oppose à cette dilatation, cette chaleur apparaîtra à l'état sensible, et l'industriel pourra l'utiliser.

Cherchant alors le moyen d'obtenir pratiquement et simplement une combustion complète et cette constance du volume des gaz brûlés, je suis arrivé à proposer l'application d'un système nouveau de chauffage au gaz, comprenant trois parties principales.

Le *gazogène*, appareil déjà connu sous divers aspects, sur lequel je n'ai pas insisté, me réservant de communiquer les formes et dimensions que j'adopte dans son établissement aux industriels qui voudront bien entrer en relations avec moi, pour l'application du nouveau procédé.

En second lieu, *la tuyère ou appareil de combustion fumivore.*

Les formes qu'elle affecte sont diverses, suivant qu'il s'agit de fours métallurgiques, chaudières à vapeur tubulaires ou non, etc. Je n'ai pas non plus décrit en détail ses différentes formes, l'observation précédente s'appliquant à cet appareil comme au gazogène.

Enfin, l'*appareil hydraulique* destiné à produire la constance du volume est nommé *régénérateur*, parce qu'il régénère, en effet, plusieurs chaleurs perdues jusqu'ici à l'état latent et que j'ai énumérées.

Cet appareil tout en tôle est des plus simples; c'est, ainsi que l'indique le croquis, une simple caisse métallique divisée en deux compartiments.

Son emploi est des plus faciles, il s'adapte aisément dans tous les cas.

Une seconde disposition du régénérateur, employée toujours pour les chaudières à vapeur, consiste à conduire les gaz au travers d'un long dédale de tuyaux métalliques dans lesquels ils subissent un frottement équivalant à une contre-pression. Ces tubes sont entourés d'air ou mieux d'eau qui s'échauffe et se renouvelle à mesure qu'elle a atteint une température suffisante pour l'alimentation des chaudières. L'industriel a toujours ainsi à sa disposition une quantité importante d'eau à une température voisine de 100 degrés.

Si l'on examine l'ensemble de ces trois appareils, on arrive à cette conclusion que l'*application du système nouveau à tous les chauffages industriels peut se faire rapidement, à peu de frais, sans modifier d'une manière sensible les appareils anciens.*

Sans entrer dans des détails d'un devis complet, je dirai que la dépense causée par l'application du procédé à un foyer consumant 100 kilog. de houille à l'heure ne dépasse pas 1,000 fr. Il faut y ajouter un petit ventilateur mû par une machine de 2 à 3 chevaux au grand maximum.

Comme conclusion, j'ajouterai que je pense avoir démontré que l'application de ce système de chauffage remédie aussi complétement que possible aux diverses causes de pertes subies jusqu'à présent en industrie, et que si l'on joint à l'économie importante de combustible qu'il procure avec certitude et rationnellement les autres avantages nombreux et souvent aussi très-considérables énumérés pages 47 et 42, que si l'on considère, enfin, que son application est possible partout à peu de frais, on arrive à cette conclusion que : son adoption, ou tout au moins son expérimentation doit être faite par tout industriel jaloux de se montrer amoureux du progrès, détaché de la routine et soucieux de ses véritables intérêts.

Je me tiens, d'ailleurs, entièrement à la disposition de MM. les ingénieurs et chefs d'industrie qui désireraient avoir sur les appareils employés des renseignements plus détaillés qui n'ont pu prendre place dans cette notice.

Paul CHARPENTIER,
Ingénieur civil.

Note A.

Des expériences personnelles toutes récentes sur l'utilisation des machines locomotives, et que je publierai bientôt, m'ont conduit, comme résultat d'observations thermométriques très-exactes, à admettre que la température des gaz à leur entrée dans la boîte à fumée, c'est-à-dire au point où cesse leur effet utile, est comprise en marche entre 450 et 500 degrés, ce qui justifie la moyenne industrielle admise, si l'on songe que les chemins de fer dépensent une quantité de charbon considérable par rapport à la consommation générale du pays.

ÉCONOMIE DU COMBUSTIBLE

Appareil de M. P. CHARPENTIER

INGÉNIEUR A PARIS, 6, BOULEVARD DE CLICHY

(*Extrait de la Revue industrielle du* NOUVELLISTE DE ROUEN,
par M. A. GOUAULT,
ingénieur civil, ancien élève de l'École polytechnique.)

J'ai dit qu'il est installé chez M. Michaux, industriel à Bonnières, où je suis allé le voir fonctionner en compagnie d'un certain nombre d'industriels honorables et expérimentés. Cette installation remonte à plusieurs mois; elle a été l'objet presque chaque jour d'expériences comparatives avec les deux foyers voisins construits suivant le mode ordinaire.

J'ai remarqué que ce fourneau se charge, se décrasse et se manœuvre d'une manière très-analogue à celle d'un fourneau ordinaire; il est donc à la portée de tous les chauffeurs : c'est une de ses grandes qualités.

M. Charpentier nous a communiqué des résultats d'expériences journalières faites par l'usinier et desquels il appert que la production d'eau vaporisée par kilogramme de charbon, varie quotidiennement entre 9 kilog. et 9 kil. 1/2. Le charbon employé à Bonnières est de Douchy, plutôt fin, variable de qualité et souvent très-sale. On le mélange avec du poussier de coke.

Comme on le voit, c'est, avec des éléments très-imparfaits, un résultat excellent.

Je reviendrai prochainement sur ce nouveau système, et j'analyserai les perfectionnements qui y ont été réalisés.

19 janvier 1874.

Extrait de la *Revue universelle des Mines de la métallurgie, etc.....*

APPLICATION AUX MACHINES LOCOMOTIVES

DE

CHAUFFAGE AU GAZ ÉCONOMIQUE

PAR COMBUSTION COMPLÈTE ET SOUS VOLUME CONSTANT

Le Mémoire dans lequel M. Paul Charpentier expose, sur l'emploi des combustibles en industrie et sur les moyens à employer pour amoindrir les pertes de chaleur dans les méthodes usitées de chauffage, les vues nouvelles qui l'ont conduit aux véritables principes de la combustion, attendait la sanction de la pratique.

L'auteur a commencé par l'application de ses procédés économiques aux machines locomotives, et il a publié, dans les *Annales du Génie civil*, année 1872, l'étude d'un projet de machine pour l'exploitation de lignes peu étendues, telles que le chemin de fer métropolitain à établir à Paris, où l'on demande de modifier les moyens de traction de façon à pouvoir supprimer l'émission de la fumée et condenser la vapeur, surtout pendant le parcours en souterrain.

Cette application, impliquant la nécessité de produire le gaz à poste fixe et de l'emporter sur la machine à l'état comprimé, deux usines sont établies dans ce but aux deux extrémités de la ligne, aux deux gares *terminus*, et le gaz comprimé est emmagasiné dans un tender en tôle joint à la machine et l'accompagnant dans son parcours.

Le gaz au sortir du tender passe par un régulateur de pression, afin d'obtenir, à la tuyère, un débit constant sous une pression constante de beaucoup inférieure à celle du tender. Un tuyau de caoutchouc l'amène à la tuyère de combustion, où il se mélange intégralement avec un courant d'air, de manière à produire une combustion complète. Les gaz, après leur combustion intégrale, s'élèvent dans le foyer et s'engagent ensuite dans les tubes du générateur de vapeur, pour arriver à une boîte à *gaz brûlés*, d'où ils se rendent à deux régénérateurs. La cheminée étant supprimée, ces régénérateurs hydrauliques sont destinés à forcer la combustion à s'opérer sous volume constant dans le corps de la chaudière. Les gaz brûlés y pénétrant, sont obligés de barboter à travers l'eau qui s'y trouve renfermée, et l'échauffent ainsi à environ 100 degrés. Cette eau sert ensuite à l'alimentation. Quant à la vapeur d'échappement, elle peut également être condensée dans des caisses qui serviront aussi à l'alimentation.

En résumé, les avantages du système de M. Charpentier comprennent :

1° La suppression de la fumée et de la vapeur d'échappement, avec une économie importante dans le combustible dépensé ;

2° L'emploi possible de combustibles de toutes les qualités pour la fabrication du gaz ;

3° L'obtention d'une combustion sous volume constant des gaz brûlés ;

4° Une alimentation meilleure et ne produisant pas de variation notable dans la pression de la vapeur ;

5° Une utilisation plus complète du travail moteur par la réduction presque totale de la contre-pression qui se produit actuellement derrière le piston.

L'application de ce système à une grande ligne déjà existante exigera l'établissement de petites usines étagées de distance en distance, à peu près aux points occupés par les dépôts. Le gaz devra être emmagasiné à une pression d'autant plus élevée qu'on voudra parcourir sans arrêt un plus grand espace.

L'importance capitale du problème posé a engagé la Compagnie du chemin de fer d'Orléans à Rouen, à faire l'expérience du système de M. Charpentier. Les résultats très-satisfaisants qui ont été obtenus, comme le prouve le procès-verbal ci-après, nous paraissent de nature à appeler l'attention de tous les ingénieurs sur cette importante question.

Ch. de Cuyper.

PROCÈS-VERBAL DRESSÉ PAR M. E. FABRE

INGÉNIEUR EN CHEF

L'an 1872, les 16, 17, 18, 19 et 21 septembre, nous soussignés, Emile Fabre, ingénieur des arts et manufactures, ingénieur en chef de l'exploitation de la Compagnie des chemins de fer d'Orléans à Rouen, et Paul Charpentier, ingénieur des arts et manufactures, avons procédé à l'essai public du nouveau procédé de chauffage au gaz, par combustion complète, et sous volume constant, de M. Paul Charpentier, et ce, par une application provisoire à une locomotive de la Compagnie des chemins de fer d'Orléans à Rouen, et avons constaté les résultats suivants :

L'appareil a pu être monté rapidement, économiquement et sans changer en rien la forme ni le mécanisme de la machine.

Sa mise en marche a été également facile et rapide; sa conduite n'a présenté aucune difficulté aux ouvriers chargés de ce soin pour la première fois.

Le gazogène employé a marché avec la plus grande régularité et notamment pendant l'expérience décisive du 18; après 16 heures de marche continue les barreaux étaient intacts, et sa grille fort claire.

La tuyère distribuait l'air et les gaz fort bien et très-régulièrement dans la boîte à feu, qui n'a souffert en rien de ce chauffage sous pression.

La nature de la flamme était entièrement à la disposition du chauffeur qui pouvait, par la manœuvre d'un seul registre, la rendre à son gré oxydante ou réductrice. Cette flamme, une fois réglée, restait constante de qualité et de couleur.

L'appareil tout entier était froid lors de la mise en marche, la chaudière a mis trois heures pour monter en pression à 8 kilog. A partir de ce moment jusqu'à la fin de l'expérience, cette pression n'a baissé qu'à la volonté du mécanicien, qui a pu facilement, d'ailleurs, la faire monter à 10 kilog. La vapeur ainsi produite, et dépensée successivement, était dans les mêmes conditions de sécheresse que celle des locomotives ordinaires.

Le régénérateur hydraulique placé au bout de l'appareil, et remplaçant la cheminée, a très-bien fonctionné; les gaz traversaient facilement l'eau, qui le remplissait et qui, destinée à l'alimentation, atteignait 100 degrés centigrades. Le barbotage des gaz n'absorbait qu'une partie très-minime de leur pression; cette dernière, avant le régénérateur, a été variée à volonté de 10 à 100 millimètres d'eau, et dans ces deux cas, la dépression causée par ce passage à travers l'eau, n'a pas dépassé 5 millimètres d'eau, l'eau du régénérateur s'est toujours maintenue fort limpide, et la combustion étant complète, les gaz brûlés qui en sortaient étaient constamment et entièrement incolores, ne comprenant que de l'azote, de l'acide carbonique et de la vapeur d'eau.

La tuyère, le foyer, les tubes se sont toujours maintenus propres; les gaz n'entraînaient aucune poussière.

L'économie produite par cette combustion complète et par l'utilisation des chaleurs perdues résultant de l'emploi du régénérateur, s'est trouvée considérable. On est arrivé à produire ainsi : 13 kilog. de vapeur à la pression de 8 kil. 5, en comprenant la période d'allumage, et 15 kilog. en marche courante par kilogramme de briquettes brûlées. La même machine, mise en feu et chauffée, comme à l'ordinaire, n'a pu produire, en stationnement, avec son tirage naturel, plus de 4 kil. 44 de vapeur, et en marche normale sur la voie, 8 kilog., ce qui donne une économie certaine et constatée de combustible, égale à 66 pour 100 dans le premier cas, et dans le deuxième cas à 47 pour 100.

Ces faits constatés par nous contradictoirement et reconnus exacts, sont consignés avec détail dans le rapport ci-annexé, en fait de quoi nous avons dressé et signé le présent procès-verbal.

Gisors, le 22 septembre 1872.

TABLE DES MATIÈRES

PREMIÈRE PARTIE

Étude des principaux systèmes de chauffage usités jusqu'ici.

TITRE II

DISPOSITIONS GÉNÉRALES SUR LESQUELLES REPOSE LE CHAUFFAGE AU GAZ ÉCONOMIQUE, PAR COMBUSTION COMPLÈTE ET SOUS VOLUME CONSTANT

CHAPITRE PREMIER

TROISIÈME PARTIE

Détermination des avantages et des conditions pratiques d'établissement du nouveau procédé de chauffage.

CHAPITRE PREMIER

PARIS. — IMPRIMERIE Vve RENOU, MAULDE, ET COCK, RUE DE RIVOLI, 144. 43140

[illegible] AUTEUR

[illegible] Méthodique et analytique, [illegible] des

Fêtes, des régions et des années [illegible], fondées sur l'emploi des

[illegible]

La première édition (1832) des Éléments de Chronologie

est complètement épuisée.

DU MÊME AUTEUR

Nouvelles Méthodes d'analyse volumétrique du fer, des acides et des alcalis minéraux, fondées sur l'emploi des sulfocyanures alcalins.

La première édition (1872) de l'**Économie du Combustible** est complétement épuisée.

Vve Renou, Maulde & Cook, — 43140

www.ingramcontent.com/pod-product-compliance
Ingram Content Group UK Ltd.
Pitfield, Milton Keynes, MK11 3LW, UK
UKHW031947260826
14628UKWH00004B/1905

9 782019 960896